▶**ハイデルベルク**(ドイツ、当時は西ドイツ)
第4回パラリンピック(1972年)

▶**ミュンヘン**(ドイツ、当時は西ドイツ)
第20回オリンピック(1972年)

▶**ベルリン**(ドイツ)
★第6回オリンピック(1916年) 第一次世界大戦で中止
第11回オリンピック(1936年)

▶**ストックホルム**(スウェーデン)
第5回オリンピック(1912年)

▶**ヘルシンキ**(フィンランド)
★第12回オリンピック(1940年)
第二次世界大戦で中止
第15回オリンピック(1952年)

▶**モスクワ**(ロシア、当時はソ連)
第22回オリンピック(1980年)

▶**テルアビブ**(イスラエル)
第3回パラリンピック(1968年)

▶**アテネ**(ギリシャ)
第1回オリンピック(1896年)
第28回オリンピック(2004年)
第12回パラリンピック(2004年)

ロシア

中国

▶**北京**(中国)
第29回オリンピック(2008年)
第13回パラリンピック(2008年)

▶**ソウル**(韓国)
第24回オリンピック(1988年)
第8回パラリンピック(1988年)

JN175369

▶**東京**(日本)
★第12回オリンピック(1940年)
日中戦争で返上
第18回オリンピック(1964年)
第2回パラリンピック(1964年)
第32回オリンピック(2020年予定)
第16回パラリンピック(2020年予定)

オーストラリア

▶**メルボルン**(オーストラリア)
第16回オリンピック(1956年)

▶**シドニー**(オーストラリア)
第27回オリンピック(2000年)
第11回パラリンピック(2000年)

▶**ローマ**(イタリア)
第17回オリンピック(1960年)
第1回パラリンピック(1960年)

3つの東京オリンピックを大研究❸

2020年
東京オリンピック・パラリンピック

監修:日本オリンピック・アカデミー

岩崎書店

もくじ

第1章 2020年東京大会への道

2011年 震災からの復興 —— 4
東日本大震災発生！／なでしこジャパンW杯で優勝

2012年 ロンドン・オリンピック —— 6
ロンドン大会で史上最多のメダル獲得／山中教授、iPS細胞でノーベル賞／尖閣国有化に中国が反発／シリア内戦、どろ沼化

2013年 開催地、東京に決定 —— 8
2020年大会の開催地が東京に決定！／招致のプレゼンテーション

2013～2014年 ソチ冬季オリンピック —— 10
ボストンマラソンで爆発／長嶋・松井両氏に国民栄誉賞／LEDで3人にノーベル物理学賞／ソチ冬季オリンピックで羽生が金メダル／御嶽山噴火 死者・行方不明者63人に

2015～2016年 熊本地震 —— 12
ラグビーW杯で日本が躍進／3年連続ノーベル賞を受賞／パリで同時多発テロ／熊本地震発生、震度7が二度も／オバマ大統領、広島を訪問

2016年 リオデジャネイロ大会 —— 14
第31回リオデジャネイロ大会で躍動／パラリンピックも活躍

第2章 開催にむけて準備始まる

競技会場① —— 16
競技会場や関係施設の決定／(五輪まめ知識)選手村の建設がすすむ

競技会場② —— 18
東京都以外の競技会場／新国立競技場はどんな競技場？

エンブレム・マスコット・メダル —— 20
大会のエンブレムが決定／都市鉱山からメダルを／水素社会の実現をめざして／ひろげよう！オリンピック・パラリンピック教育

小学校でのとりくみ —— 22
横山第二小学校の実践／上野小学校のマーチづくり

▲東京招致決定

▲有明アリーナ（イメージ図）

▶小学校の展示

▶リオデジャネイロ大会の凱旋パレード

第3章 どんな競技がおこなわれる？

オリンピック競技①〜⑦

東京オリンピックの競技とルール／陸上競技 ——— 24

水泳／サッカー／テニス ——— 26

ボート／ホッケー／ボクシング／バレーボール／体操 ——— 28

バスケットボール／レスリング／セーリング／
ウエイトリフティング／ハンドボール／自転車競技 ——— 30

卓球／馬術／フェンシング／柔道／バドミントン／射撃 ——— 32

近代五種／ラグビー（7人制）／カヌー／アーチェリー／
トライアスロン／ゴルフ／テコンドー ——— 34

東京2020大会で追加される競技 ——— 36

野球・ソフトボール／空手／スケートボード／
スポーツクライミング／サーフィン

パラリンピック競技①〜④

パラリンピックでおこなわれる競技 ——— 38

陸上競技／アーチェリー／バドミントン／ボッチャ

（パラリンピックまめ知識）パラリンピックの意味

カヌー／自転車競技／馬術／5人制サッカー／ ——— 40
ゴールボール／柔道

パワーリフティング／ボート／射撃／ ——— 42
シッティングバレーボール／水泳／卓球／テコンドー

トライアスロン／車いすバスケットボール／車いすフェンシング ——— 44
ウィルチェアーラグビー／車いすテニス

（パラリンピックまめ知識）選手の目のかわりになる人たち

パラリンピックで使われる用具 ——— 46
競技用の車いすと義手・義足

（パラリンピックまめ知識）夏季パラリンピックと日本のメダル獲得数

オリンピックデータ　1968〜1992 ——— 48

オリンピックデータ　1996〜2016 ——— 50

参加国・地域一覧 ——— 52

さくいん ——— 54

▲陸上4×100mリレー

▲柔道

▲シンクロナイズドスイミング
（アーティスティックスイミング）

▲ウィルチェアーラグビー

写真：表紙／リオデジャネイロ大会（2016年）の凱旋パレード（上）、新国立競技場のイメージ図（下・左　大成建設・梓設計・隈研吾建築都市設計事務所JV作成／JSC提供。この図は完成予想イメージパースであり、実際のものとは異なる場合があります。植栽は完成後、約10年の姿を想定しております）、東京スカイツリー（下・右）　裏表紙・扉／東京への招致決定に喜ぶ人びと

＊本書にのせた記事は2017年12月現在の資料や情報をもとに作成したもので、今後、変わる可能性があります。

第1章 2020年東京大会への道

2011年 震災からの復興
東日本大震災発生！　死者・行方不明者約2万人に

　2011（平成23）年3月11日午後2時46分、三陸沖を震源とするマグニチュード9.0の巨大地震、東日本大震災が発生しました。東北地方の太平洋側では震度6〜7のはげしいゆれが続き、東京でも震度5強を記録しました。

　地震から30分ほどのち、青森県から千葉県にいたる太平洋岸に、場所によっては高さ8mをこえる巨大津波がおしよせました。大きな波が入り江をおそい、港の建物を次つぎにのみこみ、家や自動車、船など、あらゆるものをさらっていきました。千葉県浦安市では、やわらかい地盤のところに液状化現象がおこり、

4

宮城県名取市の海岸をおそう津波 想像を絶する高さの津波がおしよせ、家いえをみるみるうちにのみこんでいった。（共同通信社）

建物がかたむいたりしました。
　さらに被害を深刻にしたのは、福島第一原子力発電所の事故です。津波により原子炉の電気系統がこわれ、原子炉の炉心をひやすことができなくなり、炉内の圧力が高まって、翌12日、水素爆発をおこしました。この事故により大量の有害な放射性物質が放出され、周辺の住民は避難をせざるをえなくなりました。
　この地震による死者・行方不明者は約2万人にのぼりました。

▲破壊された原子炉建屋　福島第一原子力発電所の原子炉建屋は、水素爆発で建屋の上部がふきとんだ。（東京電力ホールディングス）

なでしこジャパン　W杯で優勝

　2011年6月26日からFIFA（国際サッカー連盟）女子ワールドカップ（W杯）ドイツ大会が開かれました。サッカー女子日本代表のなでしこジャパンは、決勝トーナメントに進出。初戦のドイツに1−0でせり勝ち、準決勝ではスウェーデンを3−1でやぶり、7月17日、決勝のアメリカ戦にのぞみました。69分に先制されましたが、81分に宮間あやのゴールで追いつき延長戦に。延長戦の前半に勝ちこされましたが、後半の残り3分、宮間のコーナーキックを受けた澤穂希がシュートを決めてPK戦に。これを3−1で制して、優勝をつかみとりました。
　この快挙は東日本大震災に打ちひしがれていた日本国民を、おおいに勇気づけました。

▲優勝をはたして喜ぶなでしこジャパン　注目されてこなかった女子サッカーは、これを機に、一気に有名になった。（PK）

2012年 ロンドン・オリンピック

ロンドン大会で史上最多のメダル獲得

　2012（平成24）年7月27日、第30回オリンピック・ロンドン大会が開かれ、8月12日まで熱戦がくり広げられました。日本は24競技に約300人の選手が出場しました。

　体操では内村航平が活躍し、団体で銀、個人総合で金、種目別ゆかで銀と、一人で3つのメダルを獲得しました。レスリング男子はフリースタイル66kg級で米満達弘が金メダル、女子は48kg級で小原日登美、55kg級で吉田沙保里、63kg級で伊調馨がそれぞれ金と、4階級中3階級を制覇しました。なかでも吉田と伊調はオリンピック3連覇をはたしました。

　柔道男子は金メダルをえられませんでしたが、女子57kg級で松本薫が金メダルを獲得。競泳も金メダルこそなかったものの、銀3個、銅8個のメダルラッシュでした。サッカー女子は前年のワールドカップにつづいて、決勝でアメリカとあたり、1－2でおしくもやぶれ、銀メダルで終わりました。ボクシングのミドル級では村田諒太が金メダルを獲得、新たなヒーローが生まれました。

　この大会で日本は金7個、銀14個、銅17個の合計38個のメダルを獲得、この時点で史上最多のメダルラッシュとなりました。

◀体操の内村航平　体操男子個人総合で優勝した。（PK）

◀レスリングの吉田沙保里　レスリング女子55kg級で優勝した。（PK）

▲卓球女子団体で銀メダルを獲得　左から石川佳純、福原愛、平野早矢香。（PK）

▲柔道の松本薫　柔道女子57kg級で優勝した。（PK）

山中教授、iPS細胞でノーベル賞

2012年12月10日、京都大学の山中伸弥教授が人工多能性幹細胞（iPS細胞）の開発でノーベル生理学・医学賞を受賞しました。人間の皮膚の細胞に数種類の遺伝子を組みこんで、ほかの臓器に成長する細胞をつくることに成功し、再生医療や難病の治療に新たな可能性を開きました。

▶ノーベル賞を受賞した山中教授
（共同通信社）

まめ知識 東京スカイツリー開業

2012年5月22日、東京都墨田区に、東京スカイツリーが開業しました。超高層建築により電波が届きにくくなる問題を解決しようと、2008年に着工。それから3年半で、高さ634m、自立式電波塔としては世界一の塔が完成しました。地上350mと450mに展望台があり、すばらしい眺望を楽しめます。近隣の商業施設、東京ソラマチもふくめ、新しい観光スポットとしてにぎわっています。

▶東京スカイツリー
（共同通信社）

尖閣国有化に中国が反発

2012年9月11日、日本政府は尖閣諸島を国有化するため、20億5000万円を支出することを閣議決定しました。この動きに中国は反発を強め、各地で抗議デモがおこり、なかには暴徒化して日系の工場や店舗を破壊する事件も発生。尖閣周辺の領海内には中国の海洋監視船が侵入し、日本の海上保安庁の巡視船とのあいだで緊張が高まりました。

尖閣諸島は日本固有の領土ですが、1968年、海底で豊富な天然資源が発見されたことから、台湾と中国が領有権を主張しはじめました。1978年、鄧小平副首相が来日したとき、国交回復を優先し、「この問題でトラブルをおこすつもりはない」と、たなあげになっていたのです。

シリア内戦、どろ沼化

2010年、チュニジアのジャスミン革命に始まる民主化運動は、「アラブの春」とよばれてアラブ世界に広まりました。シリアではアサド政権に対する反体制運動がおこり、武装闘争に発展。2012年7月、アサド大統領が北部の都市アレッポの反体制側へ総攻撃を開始しました。反体制派には欧米諸国やサウジアラビア、トルコなどが支援し、アサド政権はイランやロシアが支持しました。反体制派はイスラム教スンナ派で、アサド政権はシーア派が分派したアラウィー派という宗派対立があり、さらに反体制派はシリア北東部のクルド人勢力や、過激派組織ヌスラ戦線、イスラミックステーツ（IS）などが勢力をのばし、混乱に拍車をかけています。

2013年　開催地、東京に決定

2020年大会の開催地が東京に決定！

　2013(平成25)年9月7日、アルゼンチンのブエノスアイレスで開かれた国際オリンピック委員会(IOC)総会で、2020年のオリンピック・パラリンピックの開催都市を決める投票がおこなわれました。トルコのイスタンブール、スペインのマドリード、東京の3都市であらそわれ、イスタンブールとの決選投票で過半数をえて、東京に決定しました。

　2009年のIOC総会で、2016年のオリンピック招致に立候補していた東京は落選し、リオデジャネイロに決まりました。それでも東京開催に意欲をもやしていた東京都は、2011年のIOC総会で、次の2020年の招致に立候補しました。このときはほかにアゼルバイジャンのバクー、カタールのドーハ、イスタンブール、マドリード、ローマが手をあげましたが、2012年にローマが立候補を断念し、IOCの第一次選考で、バクーとドーハが落選。のこる3か国のなかではイスラム圏初となるイスタンブールが有力視されました。

　こうしたなか、東京は各界の協力をえて、オールジャパンの態勢をつくり、狭いと指摘された中央区晴海の選手村を1.3倍に広げ、選手村から半径8km以内に東京圏の85%の競技会場を配置するという計画を打ちだしました。

　震災復興を優先すべきだという声があがるなか、被災地を勇気づける「スポーツの力」を開催理念としておしだしました。そして2016年の

▶高円宮妃久子さま
プレゼンテーションの冒頭で、東日本大震災の被災者へのIOCの復興支援に対し、「感謝を一生忘れません」と、心のこもったスピーチをされた。(PK)

◀滝川クリステルさん
「東京は皆様を『おもてなしの心』でおむかえします。それは見返りをもとめないホスピタリティの精神。先祖代々受けつがれ、現代にも深く根づいています」と、日本人のきめ細かな「おもてなしの心」をアピールした。(PK)

▲佐藤真海さん　19歳のとき骨肉腫により足を失ったみずからの体験からときおこし、陸上競技に取りくむことをとおして目標をこえることに喜びを感じ、新しい自信が生まれたこと。さらに東日本大震災では故郷の宮城県気仙沼市が被災し、スポーツをとおして故郷が自信をとりもどす手つだいをしたこと。こうした体験をとおして、スポーツの真の力は「新たな夢と笑顔をはぐくむ力、希望をもたらす力、人びとをむすびつける力」であることを目の当たりにしたとのべた。(PK)

招致をめぐる調査では都内56％、全国55％の支持だったのが、今回は都内70％、全国67％と、大幅に支持率をのばしました。

招致のプレゼンテーション

こうしてのぞんだIOC総会で、投票前に招致の説明をするプレゼンテーションがおこなわれました。冒頭に高円宮妃久子さまがIOCの復興支援に対して感謝のことばをのべられました。続いてパラリンピックの佐藤真海選手、竹田恆和招致委員会理事長、水野正人招致委員会副理事長、猪瀬直樹東京都知事（当時）、フェンシングの太田雄貴選手、フリーアナウンサーの滝川クリステルさん、安倍晋三首相が、それぞれの立場から語りかけました。なかでも、佐藤選手の「スポーツは夢と笑顔をはぐくみ、人びとをむすびつける」ということばや、滝川さんの「おもてなしの心」が強く印象にのこりました。また、懸念されている東京電力福島第一原子力発電所の汚染水もれの問題について、安倍首相は「状況はコントロールされている」と断言し、委員らの不安をとりのぞきました。

◀東京に決定したことを発表するIOCのロゲ会長　（PK）

▼東京への招致決定に喜びの声をあげる人びと　（PK）

2013〜2014年 ソチ冬季オリンピック

ボストンマラソンで爆発

2013(平成25)年4月15日、アメリカのマサチューセッツ州のボストンで、ボストンマラソンの競技中、ゴール近くで2度の爆発があり、観客の3人が死亡、約280人がけがをする事件が起こりました。連邦捜査局(FBI)は、ロシア南部のチェチェン共和国出身の兄弟を容疑者として公開しました。2人はマサチューセッツ工科大学の警察官を射殺したのち逃走。警察と銃撃戦となり、兄が死亡し、弟は逮捕されました。イスラム過激派との関連は見つかっていません。

まめ知識 富士山が世界遺産に登録

2013年6月22日、国連教育科学文化機関(ユネスコ)の世界遺産委員会は、日本の富士山を世界文化遺産に登録することを決定しました。山頂の信仰遺跡群や本宮の浅間神社、登山道、富士五湖、三保松原など25の構成資産が登録されました。富士山は古くから人びとの信仰の対象であったこと、江戸時代の浮世絵師葛飾北斎や歌川広重らにより芸術作品の題材となり、海外の画家たちにも大きな影響をあたえたことなどが評価されました。

翌2014年には、群馬県の富岡製糸場と絹産業遺産群が世界遺産に登録されました。

▲富士山　静岡県の三保松原から見た富士山。

長嶋・松井両氏に国民栄誉賞

2013年5月5日、東京ドームでプロ野球の読売巨人軍の長嶋茂雄終身名誉監督と、巨人軍やアメリカ大リーグのヤンキースなどで活躍した松井秀喜氏の2人に、国民栄誉賞が授与されました。長嶋氏は1958年に巨人軍に入団し、4番打者として活躍、日本シリーズ9連覇につくしました。引退後は、巨人軍の監督を二度つとめました。松井氏は1993年に巨人軍に入団し、4番打者として活躍。その後ヤンキースに移籍し、2009年のワールドシリーズでは日本人初の最優秀選手(MVP)に選ばれました。

▶国民栄誉賞を受賞する長嶋(右)・松井両氏　(共同通信社)

LEDで3人にノーベル物理学賞

2014年のノーベル物理学賞は、青色発光ダイオード(LED)を開発した名城大学の赤崎勇教授と名古屋大学の天野浩教授、アメリカのカリフォルニア大学サンタバーバラ校の中村修二教授の3人におくられました。光の三原色のうち青色のLEDの開発は20世紀中は困難とされていましたが、1989年、開発に成功。実用化され、広く利用されるようになりました。

この年のノーベル平和賞は、パキスタンのマララ・ユスフザイさんとインドのカイラシュ・サティヤルティさんに授与。ともに子どもの教育を受ける権利のためにたたかってきたことが評価されました。なかでもマララさんは17歳で、ノーベル賞史上最年少の受賞でした。

ソチ冬季オリンピックで羽生が金メダル

2014年2月7日から、ロシアのソチで第22回冬季オリンピック大会が開かれました。フィギュアスケート男子シングルの羽生結弦はショートプログラム(SP)で史上初の100点越えの101.45点を出してトップに。フリーでは後半のジャンプを次つぎにこなして完全優勝をはたしました。女子シングルは浅田真央がSPで16位でしたが、フリーでは冒頭のトリプルアクセルを成功させるなど、自己ベストを更新する最高の演技を見せました。

スキージャンプ男子個人ラージヒルで葛西紀明が銀メダル、ノルディックスキー複合個人ノーマルヒルで渡部暁斗が銀メダル。スノーボードでは、ハーフパイプ男子で15歳の平野歩夢が銀、18歳の平岡卓が銅、女子パラレル大回転で竹内智香が銀メダルを獲得。日本は金1、銀4、銅3、合計8個のメダルを獲得、1998年の長野大会に次ぐ快挙でした。

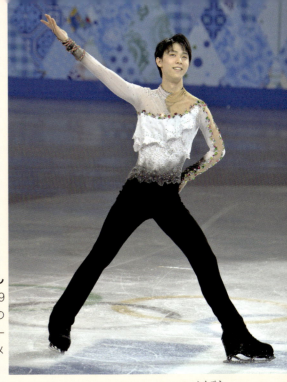

▶最高得点を出した羽生結弦 19歳にして日本のフィギュアスケート男子で初の金メダル。(PK)

◀銀メダルを獲得した葛西紀明 41歳で7度目のオリンピックに参加し、個人種目初のメダルを獲得。「レジェンド」とよばれた。(PK)

御嶽山噴火 死者・行方不明者63人に

2014年9月27日午前11時52分、長野県と岐阜県の境にある御嶽山(標高3067m)が噴火。地下水がマグマにふれておこる水蒸気噴火によるもので、噴煙は火口の上、約7000m以上にたっし、大小の噴石が雨のように落ちてきました。山頂付近には約250人の登山者がいて、落石や高温の火山灰におそわれ、63人の死者・行方不明者を出しました。

2016年5月、鹿児島県の口永良部島の新岳が噴火し、全島民が避難。つづく6月、箱根山で小規模の噴火、9月には阿蘇山の中岳が噴火するなど、日本各地で火山活動がさかんになりました。

▲御嶽山の噴火 9月29日、山頂付近で救助活動をつづける救助隊員。(産経新聞社)

11

2015～2016年　熊本地震

ラグビーW杯で日本が躍進

　2015(平成27)年9月19日、イギリスのブライトンでおこなわれたラグビーワールドカップ(W杯)の1次リーグB組の初戦で、日本は優勝候補の南アフリカを34-32でやぶり、歴史的な勝利をおさめました。第2戦のスコットランドにはやぶれましたが、サモアには26-5、アメリカには28-18で勝ち3勝。日本にしてみれば大勝利ではありましたが、勝ち点の差で1次リーグ敗退となりました。2019年の日本開催にむけ、一層の飛躍が期待されます。

◀FB五郎丸歩　キックの前に集中力を高めるポーズが話題になった。(PK)

3年連続ノーベル賞を受賞

　2015年のノーベル生理学・医学賞が北里大学の大村智特別栄誉教授に、物理学賞が東京大学宇宙線研究所の梶田隆章所長に授与されました。大村教授は土の中から採取した微生物から抗寄生虫薬のイベルメクチンのもととなる物質を発見し、梶田所長は素粒子ニュートリノに質量があることを発見しました。

　2016年の生理学・医学賞は東京工業大学の大隅良典栄誉教授におくられました。大隅教授は、生物が自分の体を分解し再利用するオートファジーのしくみを解明しました。日本人では3年連続のノーベル賞受賞となりました。

パリで同時多発テロ

　2015年11月13日、パリ郊外サン・ドニのスタジアムの入口付近などで爆破事件が、同じころパリ中心街にあるバタクラン劇場で銃を乱射する事件がおこりました。犯人は過激派組織ＩＳの戦闘員とみられています。

　その後も2016年3月22日、ベルギーのブリュッセル空港や市内の地下鉄駅で爆破テロ、7月14日にはフランス・ニースで花火の見学客のなかにトラックがつっこむなど、ヨーロッパ各地で無差別テロがおこっています。

　ヨーロッパにはシリアなどから難民がおしよせ、治安が悪化していることから、難民受けいれに反対する声もあがっています。

まめ知識　明治日本の産業革命遺産が世界遺産に

　2015年7月5日、明治日本の産業革命遺産がユネスコの世界文化遺産に登録されました。構成する資産は、韮山反射炉や官営八幡製鐵所、三菱長崎造船所、三池炭鉱、鹿児島の旧集成館など、全国8地域にわたる23の遺産群からなります。幕末から明治にかけての60年間に、日本の近代化をになった製鉄・製鋼、造船、石炭産業のほか、背景となった城下町や職人の技術などがふくまれています。

▲長崎の端島炭坑があった端島(軍艦島)　1974年の閉山まで、アパートや学校、病院、商店街などもあった。

熊本地震発生、震度7が二度も

2016年4月14日午後9時26分ごろ、熊本県を震源とするマグニチュード（M）6.5の地震が発生。続いて16日午前1時25分ごろ、前の地震を上まわるM7.3の地震が発生しました。直下にある活断層が動いた内陸型地震で、いずれも益城町などで震度7を観測し、その後も、震度6強の地震が断続的におこり、影響は熊本県阿蘇地方や大分県にも広がりました。

この一連の地震で全壊・半壊した家屋は約4万棟、避難者は18万人以上に。地震で亡くなった人は50人、その後、地震の関連で体調不良をおこすなどして亡くなった人をふくめると、犠牲者は178人にのぼりました。熊本城など文化財も多数こわれ、復旧に時間がかかっています。気象庁は14日の地震を「前震」、16日の地震を「本震」と位置づけました。

▲熊本地震でたおれた益城町の家屋　（共同通信社）

オバマ大統領、広島を訪問

2016年5月27日、主要国首脳会議の伊勢志摩サミットのあと、アメリカのオバマ大統領が原爆が投下された広島をおとずれました。現職のアメリカ大統領が被爆地広島をおとずれるのははじめてのことです。

オバマ大統領は平和記念公園の原爆死没者慰霊碑に花をささげ、声明を発表。「核兵器のない世界は、自分が生きている間は実現できないかもしれないが、勇気をもって追求していかなければならない」と、核兵器の廃絶を訴えました。

▶声明を発表するオバマ大統領（在任2009〜2017年）
（共同通信社）

2016年　リオデジャネイロ大会

第31回リオデジャネイロ大会で躍動

　2016（平成28）年8月5日〜21日、ブラジルのリオデジャネイロで、南アメリカ大陸初の第31回オリンピック大会が開かれました。205の国と地域から1万人をこえる選手が参加。日本は338人の選手団を送りました。

◆水泳、体操、柔道の躍進

　大会初日の6日におこなわれた競泳男子400m個人メドレーで萩野公介が1位、瀬戸大也が3位につけ、金メダルと銅メダルを獲得しました。女子では金藤理絵が200m平泳ぎで金メダル。競泳は金2、銀2、銅3の合計7つのメダルを獲得しました。シンクロナイズドスイミングは、井村雅代監督の指導のもと、デュエットと8人で演じるチームが、ともに銅メダルを獲得しました。

　体操男子団体は、内村航平ら5選手がいどんだ予選では4位と出おくれましたが、決勝で6種目とも高得点を出して優勝。団体での金メダルは12年ぶりの悲願でした。内村は個人総合でも金メダルを獲得し、2連覇をはたしました。

　前回は金メダル1個に終わった柔道は、男子73kg級で大野将平が、90kg級でベイカー茉秋が、女子70kg級で田知本遥が金メダルを獲得。ほかに銀1個、銅8個の計12個のメダルを獲得し、日本柔道の復活を印象づけました。

◆女子レスリングは金メダル4個

　レスリング女子は58kg級で伊調馨が優勝し、オリンピック4連覇をはたしました。おなじく4連覇にいどんだ53kg級の吉田沙保里は決勝でやぶれ、おしくも銀メダル。しかし48kg級の登坂絵莉、63kg級の川井梨紗子、69kg級の土性沙羅が、あいついで金メダルを獲得し、女子レスリング界をもりあげました。

　バドミントンの女子ダブルスは、髙橋礼華と松友美佐紀の「タカマツペア」が優勝。女子シングルスは奥原希望が銅メダルを獲得しました。

　陸上男子4×100mリレーは、山縣亮太、飯塚

▲バタフライで泳ぐ萩野公介　萩野は200m個人メドレーでも銀メダルを獲得した。（PK）

▲体操男子団体で優勝したメンバー　左から山室光史、田中佑典、内村航平、加藤凌平、白井健三。（PK）

▲レスリングの女子5人　左から吉田沙保里、伊調馨、登坂絵莉、土性沙羅、川井梨紗子。（PK）

▲バドミントンの髙橋(右)と松友　高校時代にペアを結成してから10年になる。(PK)

▲陸上男子4×100mリレー　桐生からバトンをうけるケンブリッジ飛鳥。銀メダルを獲得した。(PK)

翔太、桐生祥秀、ケンブリッジ飛鳥の「日本史上最高」といわれる4人でのぞみ、銀メダルを獲得し歴史的快挙といわれました。

◆2020年の東京大会に期待

　卓球男子団体は決勝まですすみ、銀メダル、女子団体は銅メダルを獲得しました。テニスの男子シングルスは錦織圭が3位決定戦でスペインのナダルをくだし銅メダル。ウエイトリフティング女子48kg級は三宅宏実が銅メダルなど、日本は金12、銀8、銅21、史上最多の合計41個のメダルを獲得し、2020年の東京大会にむけてはずみをつけました。

○リオデジャネイロ大会　日本人金メダリスト

競泳	男子400m個人メドレー	萩野公介	金
	女子200m平泳ぎ	金藤理絵	金
体操	男子団体	加藤凌平、白井健三、田中佑典、内村航平、山室光史	金
	男子個人総合	内村航平	金
レスリング	女子フリースタイル48kg級	登坂絵莉	金
	58kg級	伊調馨	金
	63kg級	川井梨紗子	金
	69kg級	土性沙羅	金
柔道	男子73kg級	大野将平	金
	男子90kg級	ベイカー茉秋	金
	女子70kg級	田知本遥	金
バドミントン	女子ダブルス	髙橋礼華、松友美佐紀	金

▲閉会式でオリンピック旗の引きつぎ　(PK)

パラリンピックも活躍

　9月7日〜18日、パラリンピック・リオデジャネイロ大会が開催されました。159の国と地域から約4300人の選手が参加し、22の競技528種目がおこなわれました。日本からは132人の選手が参加しました。

　車いすの陸上男子で佐藤友祈が、義足の陸上男子走り幅跳びで山本篤が、視覚障がいの競泳男子で木村敬一が、そしてボッチャのチームが、それぞれ銀メダルを獲得するなど、日本選手は大活躍しました。金メダルはゼロでしたが、銀10、銅14で合計24個のメダルをえて、ロンドン大会よりも8個ふえました。

第2章 開催にむけて準備始まる

競技会場①

競技会場や関係施設の決定

2013(平成25)年の国際オリンピック委員会(IOC)総会で、2020年の東京招致が決まったことを受け、競技会場の選定がはじまりました。「都市の中心で開催されるコンパクトな大会」という案にそって、東京湾に面した有明やお台場、夢の島、海の森などにある競技会場を「東京ベイゾーン」と名づけて整備するこ

東京2020オリンピック・パラリンピックの競技会場
（2017年2月現在）

ヘリテッジゾーン
① 新国立競技場（オリンピックスタジアム）
　● 開会式・閉会式、陸上競技、サッカー
　▲ 開会式・閉会式、陸上競技
② 東京体育館　●卓球　▲卓球
③ 国立代々木競技場
　● ハンドボール　▲バドミントン、ウィルチェアーラグビー
④ 日本武道館　●柔道、空手　▲柔道
⑤ 東京国際フォーラム
　● ウエイトリフティング　▲パワーリフティング
⑥ 国技館　●ボクシング
⑦ 馬事公苑
　● 馬術（馬場馬術、総合馬術、障害馬術）　▲馬術
⑧ 武蔵野の森総合スポーツプラザ
　● バドミントン、近代五種（フェンシングRR）
　▲ 車いすバスケットボール
⑨ 東京スタジアム　●サッカー、近代五種（水泳、フェンシングBR、馬術、レーザーラン）、ラグビー

東京ベイゾーン
⑩ 有明アリーナ　●バレーボール（バレーボール）
　▲ 車いすバスケットボール
⑪ 有明体操競技場　●体操　▲ボッチャ
⑫ 有明BMXコース　●自転車競技（BMXフリースタイル、BMXレーシング）、スケートボード

⑬ 有明テニスの森　●テニス　▲車いすテニス
⑭ お台場海浜公園
　● 水泳（マラソンスイミング）、トライアスロン　▲トライアスロン
⑮ 潮風公園　●バレーボール（ビーチバレーボール）
⑯ 青海アーバンスポーツ会場
　● バスケットボール（3×3）、スポーツクライミング
　▲ 5人制サッカー
⑰ 大井ホッケー競技場　●ホッケー
⑱ 海の森クロスカントリーコース　●馬術（総合馬術）
⑲ 海の森水上競技場
　● カヌー（スプリント）、ボート　▲カヌー、ボート
⑳ カヌー・スラローム会場　●カヌー（スラローム）
㉑ アーチェリー会場（夢の島公園）
　● アーチェリー　▲アーチェリー
㉒ オリンピックアクアティクスセンター
　● 水泳（競泳、飛込、シンクロナイズドスイミング）
　▲ 水泳
㉓ 東京辰巳国際水泳場　●水泳（水球）
㉔ 幕張メッセ Aホール
　● テコンドー、レスリング　▲シッティングバレーボール
㉕ 幕張メッセ Bホール
　● フェンシング　▲テコンドー、車いすフェンシング
㉖ 幕張メッセ Cホール　▲ゴールボール

●オリンピック競技　▲パラリンピック競技

とにしました。

さらに1964年の東京オリンピックのときに使われた代々木競技場や日本武道館などを、「ヘリテッジゾーン」と名づけて整備を開始。また、1964年のときにメイン会場として使われた国立競技場は、2020年までに新国立競技場として生まれ変わります。大会計画では東京圏の約85%にあたるこれらの競技会場は、中央区晴海にたてられる選手村から8kmの圏内にあり、30分で行ける距離に設定しています。

このほか、一部の競技は東京都の武蔵野エリアや東京都以外の地でおこなわれる予定です。

▲国立代々木競技場

▲日本武道館

▲有明アリーナ（イメージ図／東京都提供）

▲有明テニスの森 （PK）

▲海の森水上競技場（イメージ図／東京都提供）

▲オリンピックアクアティクスセンター
（イメージ図／東京都提供）

五輪まめ知識　選手村の建設がすすむ

世界中から集まる1万人をこえる選手たちが、快適にすごせるような施設をめざして、東京の海の玄関のひとつ中央区晴海の晴海ふ頭周辺に、選手村の建設がすすめられています。大会終了後は、50階建ての超高層タワーが2棟、14〜18階建ての住宅棟が21棟、総戸数約5650戸の住居がたてられ、多様な人びとが交流し、いきいきと生活できるようなまちに変えていく予定です。電気の一部は水素で発電し、自動車も水素で走らせるなど、環境先進都市のモデルとなるようなまちをめざしています。

▶東京2020大会後の選手村（イメージ図）　2016年3月時点。超高層タワーは大会後に整備される。（東京都都市整備局提供）

競技会場② 東京都以外の競技会場

サッカーは北海道、宮城県、茨城県、埼玉県、神奈川県の競技会場に、野球・ソフトボールは福島県、神奈川県の競技会場に決まりました。サーフィンは千葉県の釣ヶ崎海岸、セーリングは神奈川県の江の島、自転車競技の一部は静岡県の伊豆になりました。

東北・北海道ほかの競技会場

関東周辺の競技会場

㉗ さいたまスーパーアリーナ　●バスケットボール
㉘ 陸上自衛隊朝霞訓練場　●射撃　▲射撃
㉙ 霞ヶ関カンツリー倶楽部　●ゴルフ
㉚ 釣ヶ崎海岸サーフィン会場　●サーフィン
㉛ 横浜スタジアム　●野球・ソフトボール
㉜ 江の島ヨットハーバー　●セーリング
㉝ 伊豆ベロドローム　●自転車競技(トラック)　▲自転車競技(トラック)
㉞ 伊豆マウンテンバイクコース　●自転車競技(マウンテンバイク)
㉟ 福島あづま球場　●野球・ソフトボール
㊱ 札幌ドーム　●サッカー
㊲ 宮城スタジアム　●サッカー
㊳ 茨城カシマスタジアム　●サッカー
㊴ 埼玉スタジアム2002　●サッカー
㊵ 横浜国際総合競技場　●サッカー

●オリンピック競技
▲パラリンピック競技

▲札幌ドーム　(PK)

▲宮城スタジアム　(PK)

▲福島あづま球場

▶伊豆ベロドローム　(PK)

18

新国立競技場はどんな競技場？

1964(昭和39)年の東京大会のメイン会場となった国立競技場の跡地に、新国立競技場の建設が始まっています。ここが2020年の東京オリンピック・パラリンピック大会のメインスタジアムとなります。

建物は地上5階・地下2階で、屋根をフラット(平ら)にして高さは約47.4m。観客席は完成時約6万席。屋根は木材と鉄骨を組み合わせ、スタジアムをおとずれた観客や、フィールドに立つアスリートが木のぬくもりを感じられるようにくふうされています。木材はカラマツとスギの国産材です。

客席は3層のすり鉢状で、観客席がフィールドをつつむような形になっています。外の風を取りいれて気流を循環させ、フィールドや観客席の熱や湿気を排出させるくふうもしています。スタンドの全階に車いす席を分散させ、さまざまな利用者に対応できるトイレをつくるなど、全ての人が快適に利用できるようくふうされています。

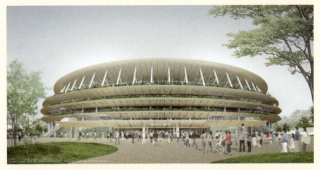

▲**南側ゲート外観イメージ** ひさしの上に植物を植えたプランターボックスを置き、緑につつまれた環境をめざす。

▲**断面イメージ** 自然の風を取りこみ、温熱環境を改善する。

▲**車いす席の内観イメージ** 見やすさや快適性を確保した車いすのための席。

◀**スタジアムの内観イメージ** 屋根は国産木材と鉄骨を組み合わせた。観客席は3層のすり鉢状で、アスリートと観客の一体感をもてるようにした。

＊このページに掲載した図は大成建設・梓設計・隈研吾建築都市設計事務所JV作成／JSC提供。
図は完成予想イメージパースであり、実際のものとは異なる場合があります。植栽は完成後、約10年の姿を想定しております。

エンブレム・マスコット・メダル

大会のエンブレムが決定

2016(平成28)年4月25日、東京2020オリンピック・パラリンピック競技大会のシンボルマークであるエンブレムが決定しました。約1万5000件の応募作品のなかから、野老朝雄さんの「組市松紋」に決まりました。江戸時代にはやったデザインの市松模様をヒントに、日本の伝統色の藍色で粋にえがいた作品です。形のことなる3種類の四角形45個を組み合わせて、国や文化や思想などの多様性をしめし、それらをこえてつながりあう調和をメッセージにこめたのです。

2017年12月7日、東京2020オリンピック・パラリンピックのマスコット候補が3案決まりました。この中から、全国の小学生の投票により1点がえらばれます。

▲エンブレムを手にする野老さん　(PK)

▲3点にしぼられた東京2020大会マスコット　(PK)

リオデジャネイロ2016大会の凱旋パレード　2016年10月7日、東京の銀座〜日本橋をリオデジャネイロ2016大会のオリンピックとパラリンピックのメダリストたちが一堂に会してパレードをおこなった。(PK)

都市鉱山からメダルを

東京オリンピック・パラリンピック競技大会組織委員会（東京2020組織委員会）は、約5000個にのぼるメダルの制作にあたり、原材料の金・銀・銅に、不要になった携帯電話やパソコン、デジタルカメラから取りだした金属をつかおうというプロジェクトを立ちあげました。「都市鉱山からつくる！みんなのメダルプロジェクト」と名づけて、国民の参加とともに、リサイクルによる持続可能な社会の実現をめざす活動を開始しました。

このプロジェクトは、2017年4月1日に回収をスタートしました。

▲都市鉱山の回収スタート 水泳の萩野選手らが携帯電話などの回収をよびかけた。(PK)

水素社会の実現をめざして

東京都は中央区晴海に建設中の選手村について、村内で利用する電気やお湯のエネルギー源に水素を活用した「水素タウン」にしようという計画をすすめています。水素ステーションから各宿泊棟や食堂などに水素を送り、燃料電池で水素と酸素を反応させて電気や熱を発生させようという構想です。選手の移動には燃料電池を利用した輸送機関が使われる予定です。

燃料電池バスは、東京駅と東京ビッグサイトをむすぶ路線バスとして、2017年3月21日から運行しています。

▶燃料電池バス（東京都交通局）

ひろげよう！オリンピック・パラリンピック教育

東京都は、子どもたちがオリンピック・パラリンピックへの知識を深め、大会に積極的にかかわろうという気持ちをもってもらうために、『オリンピック・パラリンピック学習読本』を作成し配布しています。オリンピック・パラリンピックの歴史や意義、開催による社会の変化、人びとの努力、スポーツのすばらしさなどをもりこんだ内容で、都内の小学生以上の児童・生徒にわたされました。

▲学習補助教材 東京都が作成した。

組織委員会は、大会のフェアプレー精神や社会の多様性への理解を深めようと、全国の幼稚園や小中高校に東京2020教育プログラム（愛称：ようい、ドン！）を広げるプロジェクトをスタートさせました。

◀千葉市の中学校で教育プログラム実施校の認証書を授与 ウエイトリフティングの三宅選手や車いすテニスの上地選手が参加した。（共同通信社）

小学校でのとりくみ
横山第二小学校の実践

東京都八王子市立横山第二小学校(横二小)は、授業や学校行事、生活などさまざまな活動の場に、オリンピックに関連した内容を積極的にとりいれています。以下、そのとりくみの一部を紹介します。

①「心の教育」 筑波大学・大学院客員教授の江上いずみさんから、「おもてなしの心」についてお話をうかがいました。相手の目を見る、ことばを伝える、おじぎをするというあいさつのしかたについて学びました。

▲運動会で聖火リレーを再現 聖火台に点火するシーンまで演出した。

▲握手のしかたを教えてもらう 江上さんのお話を聞いてから、子どもたちのあいさつの仕方が変わったという。

②オリンピック学習 「横二リンピック」という行事で、24種類の競技種目のルール、活躍している選手、その記録などを調べて展示するとともに、全校生徒が体験して、自分の記録とくらべてみました。

◀「横二リンピック」で射撃の体験 いろいろな競技についてしらべて経験した。

③一班一国しらべ 班ごとに各国の国旗、国技、あいさつことば、歴史や地理、食べ物、有名選手などを調べて図解し、展示しました。

▲一班一国しらべ 1年で64か国、3年間つづけたので、ほとんどの国を調べたことになる。

▲義足の走り高跳びの鈴木徹さんとの交流 プレーのこつなどを教えていただいた。

▲水泳の萩原智子さんとの交流 柔道の初瀬勇輔さんやゴールボールの高田朋枝さんからもお話をうかがった。

④プロスポーツ選手との交流 スポーツ選手をまねいて、どんな思いでスポーツに取りくんできたのかなどのお話を聞きました。パラリンピックの選手からは、ハンディをのりこえるような競技にあえて立ち向かおうという強い気持ちを教えていただきました。

⑤作品展 オリンピックのときどのように参加したいか、未来の自分の姿を立体作品にして展示しました。スポーツ選手、聖火ランナー、ガイドなど、それぞれの夢や思いが投影された展示ができました。

▲秋の作品展 プレーをしているところの体の形を帯にえがいて、体育館にかざった。
▲未来の「かがやく自分」の姿を立体作品にして展示した。

⑥学習発表会 『東京2020大会があぶない!! みんなの力で未来をつくれ』という台本をつくって演じました。世界中に飛びちってしまった五輪の輪をさがしに、みんなでタイムトリップ。古代ギリシャ、クーベルタン、嘉納治五郎、グットマン博士などをたずねて、輪をとりもどすというストーリーで、劇をとおして、それぞれの時代の人びとの思いを伝えました。

▶学習発表会 クーベルタンが登場する場面。

(写真はすべて横山第二小学校より)

上野小学校のマーチづくり

東京都台東区立上野小学校では、2020年の東京大会をきっかけに、地元の魅力とオリンピックのすばらしさを世界に向けて発信しようと、2年がかりでオリジナルのマーチ「明日へ」をつくりました。
以下は、そのとりくみの記録です。

①ことば集め　作詞をするにあたり、「上野」「世界」「オリンピック」の3つの視点からことばを集めました。まず、プロのアナウンサーからインタビューの仕方を教えてもらい、上野の町にとつげきインタビュー。商店街の人から町の歴史や文化について話を聞いたり、質問カードを用意して町を行く日本人や外国人に、日本の魅力や上野のよさについて聞きました。

▲インタビューの仕方を学ぶ　プロのアナウンサーから教えてもらった。

▲外国人にインタビュー　どこから来た？どんな食べ物が好き？などをインタビュー。

②作詞　インタビューをもとに集めたことばは6000語にものぼりました。これをもとに、作詞をかためます。一番は「ごーん　かーん」とお寺の鐘の音から始まり、スカイツリーや五重塔など地元をアピール。二番は「Ding Dong Ding Dong」という西洋の教会の鐘の音から始まり、「鍛えた体と折れない心」など、世界とオリンピックのイメージをつくりあげました。

◀集めたことば
▼集めたことばをもとに歌詞づくり　東京藝術大学の成田英明元教授に指導してもらった。

▶作曲にとりくむ　子どもたちが口ずさんだメロディーを東京藝術大学の松下功副学長がピアノでひいて、もっと音が高いほうがよいかなど、話し合いながら作った。

③作曲　歌詞の次は作曲です。歌詞をイメージして子どもたちが口ずさんだ曲を、東京藝術大学の先生がピアノで表現し、音の強弱や高低、リズム感などを調整しながら、曲をつくっていきます。さらに金管楽器で演奏できるように練習しました。

▲金管バンドの練習　東京藝術大学の杉木峯夫名誉教授の指導による。バンドは地域のイベントでも演奏した。

▲オリジナルビデオの作成　パナソニックなどの協力により、ビデオの撮り方、まとめ方などを教えてもらった。

④ビデオ制作　マーチをつくる一連の流れは、オリジナルビデオに仕立て、歌とともに発表しました。このマーチはさまざまな機会にうたわれ、第二の校歌として歌いつがれています。

▲マーチ「明日へ」の合唱　東京藝術大学の奏楽堂で。

（写真はすべて上野小学校より）

第3章 どんな競技がおこなわれる？

オリンピック競技①

東京オリンピックの競技とルール

2020年の東京大会は、7月24日～8月9日までの17日間、これまでの競技種目のほかに、5競技をくわえて33競技339種目の熱戦がくりひろげられます。それぞれの競技の内容やルール、記録、これまで活躍した選手などを見ていきましょう。

陸上競技
トラック、フィールド、混成、ロードの4つがあります。

トラック
陸上競技場のトラック（走路）を走る。

[短距離・中距離・長距離]

100m●● 200m●● 400m●●
800m●● 1500m●● 5000m●●
10000m●● 4×100mリレー●●
4×400mリレー●●●

短距離走は100m、200m、400mの3種、中距離走は800mと1500m、長距離走は5000mと10000mです。短距離走はスタートのときに両手の指を地面につくクラウチングスタートで、走るレーンは割りあてられています。中距離走と長距離走は立ったままスタートするスタンディングスタートで、走るレーンは決まっていないオープンレーンです。

100mのオリンピック記録はジャマイカのウサイン・ボルトの9秒63です。

リレーは4人の選手が100mずつ走るのと、400mずつ走るのと2種類です。バトンの受けわたしは20mのテークオーバーゾーン内でおこないます。男女混合4×400mリレーは、東京2020大会の新種目です。

◆**日本のメダリスト** 第9回アムステルダム大会（1928年）のとき、女子800mで人見絹枝が初の銀メダル。第31回リオデジャネイロ大会（2016年）のとき、日本の男子チームが4×100mリレーで銀メダルを獲得しました。

[ハードル／障害]

100mハードル● 110mハードル●
400mハードル●● 3000m障害●●

ハードルは高さ84cmの10本のハードルを、走りながら飛びこえていく種目で、ハードルをたおしても失格になりません。

3000m障害は1周400mのトラックに、4つの障害物と1つの水ほり（深さ70cm、長さ3.66m）をおき、それをこえながら約7周します。

◀陸上・短距離のサニブラウン
2017年の日本陸上競技選手権大会で、男子100mと200mで優勝した。（PK）

▶ジャマイカのオマール・マクレオド
リオデジャネイロ大会の110mハードルで金メダル。（PK）

フィールド

跳躍と投てきがあり、トラック以外の陸上競技場でおこなう。

[跳躍]

走り高跳び●●	棒高跳び●●
走り幅跳び●●	三段跳び●●

走り高跳びは助走してバーを飛びこえる競技で、男子のオリンピック記録は2m39cm、女子は2m06cm。棒高跳びは棒を使ってバーを飛びこえる競技で、男子のオリンピック記録は6m03cm、女子は5m05cm。バーを落とすと無効になります。

走り幅跳びは助走をして、片足でふみきって前に飛び、着地点までの距離をきそいます。男子のオリンピック記録は8m90cm、女子は7m40cm。

三段跳びは、ホップ、ステップ、ジャンプのリズムで3回飛び、着地点までの距離をきそいます。男子のオリンピック記録は18m09、女子は15m39です。

◆**日本のメダリスト** 第9回アムステルダム大会（1928年）のとき、織田幹雄が三段跳びで金メダル。第11回ベルリン大会（1936年）のとき、男子棒高跳びで西田修平が銀、大江季雄が銅メダルを獲得。

[投てき]

砲丸投げ	●7.26kg	●4kg
ハンマー投げ	●7.26kg	●4kg
円盤投げ	●2kg	●1kg
やり投げ	●0.8kg	●0.6kg

砲丸投げは鉄の玉を遠くに投げる種目です。ハンマー投げはワイヤーをつけた玉を、体を回転させながら投げます。円盤投げは円形の木に金属の縁がついた円盤を、体を回転させながら投げます。やり投げは2m以上あるやりを、助走をつけて投げます。いずれもラインの外に体が出ると無効になります。

▶ハンマー投げの室伏広治 2004年アテネ大会で。（PK）

◆**日本のメダリスト** 第28回アテネ大会（2004年）では、男子ハンマー投げで室伏広治が金メダルを獲得。

混成

1人の選手がトラックとフィールドの競技を複数おこない、点数をきそう。

十種競技●	七種競技●

男子は100m、400m、1500m、110mハードル、走り高跳び、走り幅跳び、棒高跳び、やり投げ、砲丸投げ、円盤投げの十種。女子は200m、800m、100mハードル、走り高跳び、走り幅跳び、砲丸投げ、やり投げの七種を2日間でおこないます。男子の優勝者は「キング・オブ・アスリート」、女子の優勝者は「クイーン・オブ・アスリート」とよばれます。

▶十種競技のやり投げにいどむ右代啓祐 リオデジャネイロ大会で。（PK）

ロード

競技場の外の一般道できそうマラソンと競歩がある。

[マラソン] ●●

男女とも42.195kmを走る競技で、体力が必要とされます。男子のオリンピック記録は2時間6分32秒、女子は2時間23分7秒です。

◆**日本のメダリスト** 第27回シドニー大会（2000年）で、高橋尚子が陸上競技女子で初の金メダルを獲得。

▶マラソンの野口みずき 第28回アテネ大会（2004年）で金メダルを獲得。（PK）

[競歩] 20km●● 50km●

どちらかの足をいつも地面につけて歩くレースで、このルールを3回やぶると失格になります。

◆**日本のメダリスト** リオデジャネイロ大会（2016年）の男子競歩50kmで荒井広宙が銅メダル。

（●男子 ●女子 ●男女混合）

オリンピック競技②

水泳　競泳、飛びこみ、水球、アーティスティックスイミングの4つがあります。

競泳

50m自由形●●	100m自由形●●	200m自由形●●
400m自由形●●	800m自由形●●	1500m自由形●●
100m背泳ぎ●●	200m背泳ぎ●●	100m平泳ぎ●●
200m平泳ぎ●●	100mバタフライ●●	
200mバタフライ●●	200m個人メドレー●●	
400m個人メドレー●●	4×100mリレー●●	
4×200mリレー●●	4×100mメドレーリレー●●●	
10kmマラソンスイミング●●		

　競泳は自由形、背泳ぎ、平泳ぎ、バタフライの4種の泳ぎをきそいます。**自由形**はどんな泳ぎでもよいのですが、クロールが一番はやいので、全選手がクロールで泳いでいます。**個人メドレー**は1人の選手がバタフライ、背泳ぎ、平泳ぎ、自由形の順で泳ぐので、個人の高い総合力がためされます。**メドレーリレー**は4人の選手が背泳ぎ、平泳ぎ、バタフライ、自由形の順で交代して泳ぎます。この種目には新たに混合も入り、男女2人ずつ、計4人できそいます。

　マラソンスイミングは、海や川、湖など自然の中で10kmの距離をきそう種目で、体力の勝負となります。泳ぎ方の決まりはありません。

◆**日本のメダリスト**　競泳では、第9回アムステルダム大会（1928年）のとき、男子200m平泳ぎで鶴田義行が初の金メダルを、女子は第11回ベルリン大会（1936年）のとき、200m平泳ぎで前畑秀子が金メダルをとりました。

　第25回バルセロナ大会（1992年）では、女子200m平泳ぎで岩崎恭子が金メダル。競泳史上最年少記録（14歳と6日）を打ちたてました。北島康介は第28回アテネ大会（2004年）と第29回北京大会（2008年）に、男子平泳ぎの100mと200mの2種目で、2大会連覇を達成しました。

飛びこみ

3m飛び板飛びこみ●●	10m高飛びこみ●●
3mシンクロナイズドダイビング飛び板飛びこみ●●	
10mシンクロナイズドダイビング高飛びこみ●●	

　飛び板飛びこみは、高さ3mの板の上に立ち、板を上下にゆらし、はずみをつけて飛びこみます。**高飛びこみ**は、高さ10mの台の上から飛びこみます。ともに開始のときの姿勢や、宙返りやひねりなど空中での演技、水に入るときの水しぶきの少なさなどをきそいます。**シンクロナイズドダイビング**は、2人1組の選手が同時に飛びこんで演技をおこないます。

◀**高飛びこみの板橋美波**　リオデジャネイロ大会では10m高飛びこみで8位だった。（PK）

水球

　1チーム7人で、プールのコート内で相手のゴール（幅3m×高さ90cm）にボールを投げいれて、得点を

▲**競泳バタフライの池江璃花子**　競泳の自由形とバタフライの選手。リオデジャネイロ大会（2016年）では、7種目に参加した。（PK）

◀**水球の日本対ブラジル戦**　2016年のリオデジャネイロ大会で。（PK）

26

きそいます。プールは縦30m、横20m、深さは2m以上。競技時間は1ピリオド8分が4回、計32分で、競技中はずっと泳いでいなければなりません。攻撃開始から30秒以内にシュートをするというルールがあります。

アーティスティックスイミング※

デュエット●
チーム●

「水中のバレエ」といわれるように、水中で音楽に合わせて演技をして、技の完成度や美しさ、同調性などをきそいます。2人でおこなう**デュエット**と、8人でおこなう**チーム**があります。2分20〜50秒の曲のあいだに決められた8つの動きを取りいれるテクニカルルーティン（規定演技）と、3〜4分の曲のなかで自由に演技をするフリールーティンを演じます。

◆**日本のメダリスト** 第23回ロサンゼルス大会（1984年）では、ソロで元好三和子が、デュエットで元好と木村さえ子が銅メダルを獲得しました。

▲デュエットの乾友紀子（左）と三井梨紗子　リオデジャネイロ大会で銅メダルを獲得した。(PK)

サッカー

1チーム11人で、ゴールキーパー、ディフェンダー、ミッドフィルダー、フォワードからなります。ゴールキーパー以外は、手でボールをあつかうことができないので、ボールをおもに足でけるなどして、相手ゴールにシュートを決めて、点数をきそいます。競技時間は前半と後半45分ずつで計90分。男子は23歳以下（24歳以上は3人まで）の選手が出場し、女子は年齢制限がありません。

※2017年7月、「シンクロナイズドスイミング」より名称変更しました。

◆**日本のメダリスト** 男子は第19回メキシコ大会（1968年）のとき銅メダル、「なでしこジャパン」という愛称がついた女子は第30回ロンドン大会（2012年）のとき銀メダルを獲得しました。

▲サッカーの久保建英　2017年、FIFAのU-20ワールドカップの日本代表に選出された。写真はウルグアイ戦。(PK)

テニス

シングルス●●　ダブルス●●●

ネットをはさんで、ラケットでボールを打ち合い得点をきそうスポーツで、4ポイントを先取すると1ゲーム獲得し、6ゲーム先取すると1セット取ったことになります。3セットマッチだと、2セット先取したほうが勝ちとなります。1人でたたかう**シングルス**と、2人でたたかう**ダブルス**があります。ダブルスには男女のペアでたたかう**混合ダブルス**もあります。

◆**日本のメダリスト** 第7回アントワープ大会（1920年）のとき、熊谷一弥がシングルスで銀、ダブルスでは柏尾誠一郎と組んで銀メダルを獲得しました。

▲テニスの錦織圭　リオデジャネイロ大会で銅メダルを獲得した。日本選手としては96年ぶりのメダル。(PK)

(●男子　●女子　●男女混合)　27

オリンピック競技③

ボート

| シングルスカル●● ダブルスカル●● |
| クオドルプルスカル●● 舵なしペア●● 舵なしフォア●● |
| エイト●● 軽量級ダブルスカル●● |

　ボートは男女とも、流れのない水上で2000mの距離をこいで順番をきそいます。オールを1人が2本ずつもってこぐスカルと、それぞれが1本ずつもってこぐスウィープがあります。スカルは1人でこぐ**シングルスカル**と、2人でこぐ**ダブルスカル**、4人でこぐ**クオドルプルスカル**があります。スウィープは2人でこぐ**舵なしペア**、4人でこぐ**舵なしフォア**、8人でこぐ**エイト**があります。エイトは舵取り役のコックスがいて、その指令のもと8人が息のあったフォームでこぎます。

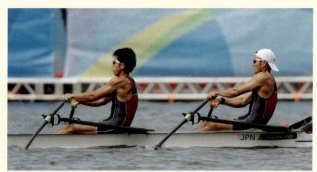

▲ボートの軽量級ダブルスカル　中野紘志（左）と大元英照。リオデジャネイロ大会で。(PK)

ホッケー

　1チームはフィールドプレーヤー10人とゴールキーパー1人の11人からなります。先のまがったスティックという道具でボールを打って、相手ゴールに入れた得点をきそいます。ゴールの広さは横3.66m×縦2.14m。ボールを手でふれたり、足でけったり、体で受けたりすると反則です。競技時間は前半が15分(2分休憩)15分の計30分で、後半も同じ30分です。

◆**日本のメダリスト**　第10回ロサンゼルス大会(1932年)で、男子チームが初の銀メダルを獲得しました。

ボクシング

| ライトフライ49kg級〜スーパーヘビー91kg級の8階級● |
| フライ51kg級〜ミドル75kg級の全5階級● |

　17〜34歳までのアマチュアのボクサーが、6.1m四方のリングで、両手にグローブをつけて、相手の上半身を打ち合ってたたかいます。競技時間は男女とも1ラウンド3分間を3ラウンド。相手のすきをついて顔や胸、腹などに正確なパンチを入れると点数がつき、ポイントの数、または相手をノックアウトするかで、勝敗がきまります。

◆**日本のメダリスト**　第18回東京大会(1964年)のとき、バンタム級の桜井孝雄が初の金メダルを獲得。それから48年後の第30回ロンドン大会で、ミドル級の村田諒太が金メダルを獲得しました。

バレーボール

バレーボール

　ネットをはさんでボールを打ち合うスポーツで、相手コート内にボールを落とすとポイントになります。1チーム6人でおこない、1人は守備専門の「リベロ」でサーブや攻撃はしません。自分のコートに入ったボールは3回以内に相手コートに返さなければなりません。1セットは25点。5セット制で

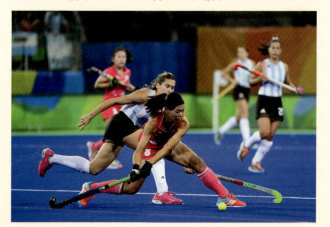

▲ホッケー　リオデジャネイロ大会の日本対アルゼンチン戦。(PK)

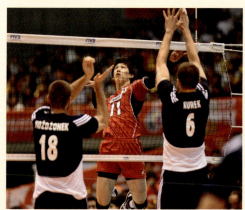

◀バレーボールの石川祐希　リオデジャネイロ大会の対ポーランド戦で。(PK)

3セット先取したチームが勝ちとなります。
◆**日本のメダリスト** はじめてオリンピック競技となった第18回東京大会(1964年)で女子チームが初の金メダル、第20回ミュンヘン大会(1972年)で男子チームが金メダルを獲得しました。

ビーチバレーボール ●●

砂の上にネットをはって、2人1組で戦います。1セットは21点で3セット制。2セットを先取したチームが勝ちとなります。3セット目は15点マッチです。

体操
体操競技、新体操、トランポリンの3つがあります。

体操競技

団体●● 個人総合●● 種目別ゆか●● 種目別あん馬●
種目別段違い平行棒● 種目別つり輪● 種目別平均台●
種目別跳馬●● 種目別平行棒● 種目別鉄棒●

チームで総合点をきそう団体と、1人の選手が全種目を演じる個人総合、それに種目別があります。種目別の男子はゆか、あん馬、つり輪、跳馬、平行棒、鉄棒の6種目、女子はゆか、段違い平行棒、平均台、跳馬の4種目です。技の難易度、大胆さ、美しさ、安定感、着地などを審査員が採点し順位が決まります。

団体は1チーム4人が、男子は6種目、女子は4種目を演技して、合計点をきそいます。**個人総合**は1人で男子は6種目、女子は4種目を演じます。

ゆかは12m四方のゆかの上で、男子は70秒以内、女子は90秒以内で演技をします。**平均台**は女子のみの種目で、高さ125cm、長さ5m、幅10cmの台の上で演技します。これには90秒の時間制限があります。

◆**日本のメダリスト** 第16回メルボルン大会(1956年)のとき、小野喬が鉄棒で体操初

▶**体操の跳馬を演じる白井健三** 2017年のモントリオール世界選手権で、ゆかと跳馬で金、個人総合で銅メダルを獲得した。(PK)

の金メダル、次のローマ大会(1960年)でも連続して金メダルを獲得しました。団体はこのローマ大会で金メダルをとり、第21回モントリオール大会(1976年)まで5連覇の偉業をなしとげました。

新体操 個人総合● 団体●

新体操はロープ、フープ(輪)、ボール、リボン、クラブ(こん棒)の5種類の手具を使い、13m四方のフロアマットで、音楽に合わせて演技します。**個人総合**はロープ以外の4種目を演技し、合計点で順位をきそいます。**団体**は1チーム5人の選手で2種目を演技します。華やかな美しさやダイナミックな動きが求められます。

▲**新体操の団体** リオデジャネイロ大会で日本チームは8位に。(PK)

トランポリン 個人●●

横2.14m×縦4.28mのトランポリンの上ではねて、10回の連続ジャンプをおこない、その間に空中で10種類の演技をして合計点をきそいます。空中で前方や後方に回転したり体をひねったり、アクロバティックな難度の高い演技を見せます。

(●男子 ●女子 ●男女混合) 29

オリンピック競技④

バスケットボール

| バスケットボール●● 3×3(3人制)●● |

バスケットボールは1チーム5人の選手がボールを手であつかい、ドリブルやパスなどをして、リング状のバスケット(内径約45cm)の上からボールを通して、その得点をきそう競技です。競技時間は1ピリオド10分が4ピリオドあり、計40分です。得点はゴールから半径6.75mに引かれたスリーポイントラインの外側からシュートすると3点、内側からのシュートは2点、フリースローは1点です。

3×3は3人制バスケットボールのことで、東京大会で新たにくわわります。5人制とちがうところは、コートの半分だけ使い、試合時間が10分で、その間に21点を先取したチームが勝ちとなります。得点もツーポイントラインの外側からだと2点、内側からだと1点です。

バスケットボールでは、第21回モントリオール大会(1976年)のとき、日本の女子チームが5位に入賞したのが最高です。

▲**バスケットボール女子** 日本女子チームはリオデジャネイロ大会(2016年)では8位に入賞。(PK)

レスリング

| フリースタイル57kg級～125kg級の6階級● |
| 48kg級～75kg級の6階級● |
| グレコローマン59kg級～130kg級の6階級● |

直径9mの円のなかで、素手で組み合い、相手の両肩をマットに1秒間つければフォール勝ちとなります。あるいは相手をおさえつけたり、投げたりするとポイントになり、その多さで勝敗がきまります。**フリースタイル**は全身を使ってたたかいますが、**グレコローマン**は上半身だけで攻撃と防御をおこないます。

◆**日本のメダリスト** 第15回ヘルシンキ大会(1952年)のとき、フリースタイル・バンタム級で石井庄八が初の金メダル。女子は第28回アテネ大会(2004年)以来、吉田沙保里は3連覇、伊調馨は4連覇をなしとげました。日本のレスリングの歴代メダル数は、男女合わせて金25個、銀18個、銅15個です。

◀**レスリングの伊調馨(左)** リオデジャネイロ大会で4連覇をなしとげた。(PK)

セーリング

| RS:X(1人乗りウインドサーフィン)●● |
| レーザー級(1人乗り)● レーザーラジアル級(1人乗り)● |
| フィン級(1人乗り)● 470級(2人乗り)●● |
| 49er級(2人乗り)●● ナクラ17● |

小型ボートに帆をつけたセールボートをあやつり、はやさをきそいます。ボートの種類や1人乗りか2人乗りかによって種目がわけられます。海面におかれたブイを決められた順番で決められた回数まわり、1位でゴールしたチームは得点がなく、順位がさがるにつれ得点があがり、合計点が低いチームほど上位になります。**ナクラ17**は双胴艇を男女2人であやつる競技です。

▶**セーリングの49er級2人乗りで牧野幸雄と高橋賢次** リオデジャネイロ大会(2016年)で。(PK)

30

◆**日本のメダリスト** 第26回アトランタ大会（1996年）では、女子470級で重由美子・木下百合江アリーシア組が銀。第28回アテネ大会（2004年）では、男子470級で関一人・轟賢二郎組が銅メダルを獲得しました。

ウエイトリフティング

| 56kg級～105kg超級の7階級（未定）● |
| 48kg級～75kg超級の7階級● |

両手でバーベルを頭の上に持ちあげ、重さをきそう競技です。バーベルを一気に頭の上にもちあげたあとで立ちあがる「スナッチ」と、バーベルを胸の上まであげ、立ちあがってから足の力をかりて頭の上にあげる「クリーン＆ジャーク」があります。これらを3回ずつ計6回あげて、もっともよかった記録を合計して順位を決めます。

◆**日本のメダリスト**

第17回ローマ大会（1960年）のとき、バンタム級で三宅義信が銀メダル。次の東京大会（1964年）とメキシコシティー大会（1968年）ではフェザー級で連続して金メダルを獲得しました。

▶ウエイトリフティングの**三宅宏実** リオデジャネイロ大会では銅メダルを獲得した。（PK）

ハンドボール ●●

1チーム7人（1人はゴールキーパー）でたたかう球技で、パスとドリブルでボールをつなぎ、横3m・高さ2mの相手のゴールにボールを投げ入れて、得点をきそいます。相手ゴールにボールが入ると1点が加わります。競技時間は前半30分、後半30分の計60分です。

自転車競技

| ○トラック |
| チームスプリント●● スプリント●● |
| ケイリン●● チームパシュート●● |
| オムニウム●● マディソン● |
| ○BMX |
| BMXフリースタイル パーク●● |
| BMXレーシング レース●● |
| ○ロード |
| 個人ロードレース●● 個人タイムトライアル●● |
| ○マウンテンバイク クロスカントリー●● |

自転車は男女ともに11種目、合わせて22種目あります。競技場内の斜面を走る**トラック**は各6種目。**ケイリン**は日本生まれの種目で、第27回シドニー大会（2000年）から加わりました。**マディソン**はあらたに加わった種目で、25kmを2人1組で交代しながら走り、途中におかれたポイントを周回し、ポイントを重ねていきます。

BMXフリースタイルはいろいろなセクションがもうけられたパーク内で技（トリック）をきそうもので、今回初めて加わりました。**ロード**は**個人ロードレース**と**個人タイムトライアル**があります。**マウンテンバイク**は山間部などの未舗装の道路を走ります。

◆**日本のメダリスト** 第23回ロサンゼルス大会（1984年）のとき、男子スプリントで坂本勉が銅メダルを獲得しました。

▶**ハンドボール** シュートの瞬間。リオデジャネイロ大会（2016年）のブラジル（青）対ドイツ（白）戦。（PK）

▶**自転車のBMXレーシング** リオデジャネイロ大会（2016年）で。（PK）

（●男子 ●女子 ●男女混合） 31

オリンピック競技⑤

卓球

| シングルス●● | 団体●● | ダブルス● |

真ん中に高さ15.25cmのネットをはった卓球台をはさんで、ピンポン玉を打ち合うゲームです。1ゲームは11点先取したほうが勝ちで、**シングルス**は7ゲーム制で4ゲーム先取。**団体**は1チーム3人で、最大5ゲーム（シングルス、シングルス、ダブルス、シングルス、シングルスの順）をおこない、3ゲーム先取したほうが勝ちとなります。

東京2020大会では男女がペアになる**混合ダブルス**が新たに追加されました。

◆**日本のメダリスト** 第30回ロンドン大会（2012年）で、女子団体（石川佳純、福原愛、平野早矢香）が銀メダル。第31回リオデジャネイロ大会（2016年）で男子団体（水谷隼、丹羽孝希、吉村真晴）が銀メダルを獲得しました。

▲**卓球の平野美宇** 2016年ワールドカップの女子シングルスで、史上最年少の優勝。(PK)

馬術

馬場馬術	個人	団体
障害馬術	個人	団体
総合馬術	個人	団体

馬術は馬場、障害、総合の3種目で、いずれも個人と団体があり、選手は男女の別なく、馬をいかにうまくあやつるかをきそいます。**馬場馬術**は20m×60mの競技場で、前進や後進、停止などの演技をおこない、正確性と芸術性をきそいます。**障害馬術**は競技場内にもうけられた柵や水ぼりなどを飛びこえて技術をきそいます。**総合馬術**は馬場馬術、障害馬術のほか、野外の起伏のあるコースに障害物をおいて走るクロスカントリーをおこないます。

◆**日本のメダリスト** 第10回ロサンゼルス大会（1932年）で、西竹一が大賞典障害飛越（現在の障害馬術）で金メダルを獲得し、「バロン西」とよばれ、称賛されました。

▶**障害馬術（障害飛越）の杉谷泰造** リオデジャネイロ大会で。(PK)

フェンシング

フルーレ個人●●	団体●●
エペ個人●●	団体●●
サーブル個人●●	団体●●

フェンシングはフルーレ、エペ、サーブルの3種目あり、剣の形や有効面などがことなります。幅1.8m×長さ14mの試合場で、センターをはさんで向かい合い、剣で相手の有効面を攻撃し、得点をきそいます。**フルーレ**は剣先で腕と頭部以外の上半身を突きますが、**エペ**は全身を攻撃できます。**サーブル**は両腕と頭部をふくむ上半身の突きと、斬ることも得点になります。剣先が有効面にあたると、電子判定により明りが点灯します。

個人戦は1セット3分で3セットの計9分、15点先取したら勝ちとなります。**団体戦**は1チーム4人のうち3人による総当たり戦で、3分間を9試合おこない、45点

▲**フェンシングの太田雄貴（左）** リオデジャネイロ大会（2016年）でフルーレ個人に参加した。(PK)

先取か、総得点が多いほうが勝利します。
◆**日本のメダリスト** 第29回北京大会（2008年）で、男子フルーレ個人で太田雄貴が銀メダルを獲得。

柔道

| 60kg級～100kg超級● | 48kg級～78kg超級● | 団体● |

男女ともに体重別に7階級あり、さらに男女混合の団体も追加されました。試合は10m四方の畳の上で組み合い、相手を投げて背中が畳につくと「一本」で、勝利が決まります。技ありを2回とると「一本」、固めわざで相手を20秒押さえこむと「一本」となります。試合時間は男女ともに4分、その間に決まらないときは判定となります。攻め方が消極的だと「指導」が入り、不利になります。

新種目の**混合団体**は、男女それぞれ階級別に3人、合計6人が1チームとなってたたかいます。

◆**日本のメダリスト** 柔道は日本のお家芸で、オリンピックの累計金メダル数は柔道が最多です。第31回リオデジャネイロ大会（2016年）では、男子は金メダル2個をふくむ7階級すべてでメダルを、女子は金メダル1個をふくむ5階級でメダルを獲得しました。

▶柔道の**大野将平（右）** 大野はリオデジャネイロ大会の73kg級で金メダルを獲得した。（PK）

バドミントン
| シングルス●● | ダブルス●●● |

高さ1.55mのネットをはさみ、ラケットでシャトルを打ち合い得点をきそうゲームです。男女とも**シングルス**と**ダブルス**があり、男女がペアを組む**ミックスダブルス**もあります。試合は1ゲーム21点先取で3ゲーム制、2ゲーム先取したほうが勝ちとなります。

◆**日本のメダリスト** 第30回ロンドン大会（2012年）で女子ダブルスの藤井瑞希・垣岩令佳組が銀メダル、第31回リオデジャネイロ大会（2016年）で、髙橋礼華・松友美佐紀組が金メダルを獲得しました。

▶バドミントンの**髙橋礼華（左）と松友美佐紀** リオデジャネイロ大会のダブルスで金メダルを獲得した。（PK）

射撃

○ライフル射撃
50mライフル3姿勢個人●●　10mエアライフル●●●
25mラピッドファイヤーピストル個人●
25mピストル個人●　10mエアピストル●●●
○クレー射撃
トラップ●●●　スキート●●

ライフル射撃は10m～50m先にある固定された円形の標的をねらってうち、得点をきそいます。**ライフル3姿勢**は、立ったままでうつ立射、しゃがんで片ひざにひじをあててうつ膝射、腹ばいになってうつ伏射の3姿勢でうちます。ほかに片手でピストルをうつ種目もあります。標的の中心にあたると10点、一番外側は1点です。

クレー射撃は、放出機から飛びでるクレー（素焼きの皿）を散弾銃でうち、あたった数をきそいます。

◆**日本のメダリスト** 第23回ロサンゼルス大会（1984年）の男子25mラピッドファイヤーピストル個人で、蒲池猛夫が金メダルを獲得しました。

▶クレー射撃の**女子スキートの石原奈央子** 8か所の射台から合計25回うつ。リオデジャネイロ大会で。（PK）

（●男子　●女子　●男女混合）

オリンピック競技⑥

近代五種
個人 ●●

　1人の選手が1日にフェンシング、水泳、馬術、コンバインド（ランニングと射撃）の5種目をおこなって着順をきそいます。**フェンシング**はエペを1分間、一本勝負で総当り戦です。**水泳**は200m自由形、**馬術**は12の障害物を飛びこします。そしてこれらの得点差を時間に換算して、上位の選手から**ランニング**をスタート。800m走ったら、途中で射撃をおこないます。**射撃**はレーザーピストルで、的に5回命中させます。このランニングと射撃を4回くりかえします。能力と体力、集中力などが要求される競技です。

▲**近代五種の三口智也**　馬術の飛びこし。リオデジャネイロ大会で。(PK)

ラグビー（7人制）
●●

　男女とも1チーム7人で、楕円形のボールをけったり、手に持って走るなどして、相手の守りを突破し、相手のゴールラインの内側にボールをつけてトライした点数をきそいます。競技時間は前半7分、後半7分の計14分、決勝戦は10分ずつの計20分です。トライをすると5点、トライ後のキックでゴールポストを通過させると2点になります。

　15人制ラグビーが第8回大会以降、中断していましたが、2016年のリオデジャネイロ大会で7人制として復活しました。

カヌー

○スプリント
　カヤックシングル200m●●　500m●　1000m●
　カヤックペア500m●　1000m●
　カヤックフォア500m●●
　カナディアンシングル200m●　1000m●
　カナディアンペア500m●　1000m●
○スラローム
　カヤックシングル●●　カナディアンシングル●●

　カヌーにはスプリントとスラロームがあります。**スプリント**は流れのない水面で、いっせいにスタートをして、決められた距離をこいで順位をきそいます。**スラローム**は流れのはやい川にもうけられたゲートを通過して、時間と通過する技術をきそいます。

　艇にはカヤックとカナディアンがあります。**カヤック**はパドル（かい）の両端に水かきのブレードがついていて、パドルを左右交互にこいで艇をすすめます。**カナディアン**はパドルの片方だけにブレードがついていて、左右どちらか片方だけをこいで進みます。

◆**日本のメダリスト**　第31回リオデジャネイロ大会（2016年）で、羽根田卓也がスラロームのカナディアンで銅メダルを獲得しました。

▲**ラグビーの日本対ニュージーランド戦**　リオデジャネイロ大会では日本男子チームは4位に入賞した。(PK)

▲**カヌーの羽根田卓也**　スラロームのカナディアンシングルに出場した。(PK)

アーチェリー

個人●● 団体●●●

70m離れたところから弓で矢を放って、直径122cmの円形の標的にあてる競技です。標的には10の同心円がかかれていて、中心が10点、一番外側が1点です。個人は対戦相手と交互に1セット3射を5セットおこない、1セット取れば2点をあたえられ、6点先取すると次に勝ちすすみます。

団体は1チーム3人で、1人が2射ずつ計6射を4エンドおこない、3人の合計得点で勝敗を決めます。東京大会では団体混合が新たにくわわります。

◆日本のメダリスト 第21回モントリオール大会(1976年)で道永宏が男子個人で銀、第30回ロンドン大会(2012年)で女子団体(川中香緒里、蟹江美貴、早川漣)が銅メダルを獲得しました。

▲アーチェリーの古川高晴 リオデジャネイロ大会で。ロンドン大会(2012年)では銀メダル。(PK)

トライアスロン

個人●● 団体リレー●

1人の選手がスイム(海の中を1.5km泳ぐ)と、バイク(自転車で40km走る)、ラン(10km走る)の3種目を続けておこない、着順をきそいます。2020年東京大会では団体リレー混合も新たにくわわりました。1チーム男女各2名の4名からなり、それぞれが短かい距離のスイム(250〜300m)、バイク(5〜8km)、ラン(1.5〜2km)をおこない、リレーをしていきます。

ゴルフ

個人●●

ゴルフはクラブでボールを打ち、ホール(穴)に入れるまでの打数の少なさをきそいます。各選手が1日に18ホールをまわり、これを4日間おこない、計72ホールの打数を合計し、一番少ない選手が金メダルを獲得します。ゴルフは第2回と第3回大会でおこなわれ、その後、中断していましたが、リオデジャネイロ大会(2016年)で復活しました。

リオデジャネイロ大会で、女子の野村敏京が4位に入賞しました。

テコンドー

58kg級〜80kg超級の4階級●
49kg級〜67kg超級の4回級●

朝鮮半島に伝わる武術で、第27回シドニー大会(2000年)から正式競技になりました。ヘッドギアやボディプロテクターなどの防具をつけて、拳で打つ(パンチ)、足でける(キック)などをして、有効の得点をきそいます。競技は1ラウンド2分を3ラウンドおこないます。キックは腰から上、パンチは胴のみで、胴への後ろ回しげりは2点、頭部へのけりは3点と大技を決めると得点が高くなります。

◆日本のメダリスト シドニー大会で、岡本依子が女子67kg級で銅メダルを獲得しました。

▲トライアスロンの佐藤優香(左) バイク。リオデジャネイロ大会(2016年)で。(PK)

▲テコンドーの濱田真由(左) リオデジャネイロ大会で。ロンドン大会(2012年)の女子57kg級では5位だった。(PK)

(●男子 ●女子 ●男女混合)

オリンピック競技⑦
東京2020大会で追加される競技

2020年のオリンピック東京大会から、開催する都市が追加したい競技や種目を提案できるようになりました。そこで東京オリンピック・パラリンピック競技大会組織委員会が追加種目を提案し、次の競技が正式に決定しました。野球・ソフトボール(2種目)、空手(8種目)、スケートボード(4種目)、スポーツクライミング(2種目)、サーフィン(2種目)の5競技18種目です。

野球・ソフトボール　野球● ソフトボール●

アメリカで発達した野球は、現在、アメリカをはじめ中央アメリカ、東アジア、オーストラリア、南ヨーロッパなどでさかんにおこなわれています。オリンピックでは1992年のバルセロナ大会から男子の正式競技となり、2008年の北京大会まで、5大会実施されましたが、世界的に普及度が低いとされ、オリンピック競技からはずされてしまいました。5大会での金メダルは、キューバが3個、アメリカと韓国が1個を獲得しました。

(野球のルール) 1チーム9人でおこなう球技で、2つのチームが守備と攻撃を交互に入れかわります。守備側は投手と捕手、内野手(ファースト、セカンド、サード、ショート)、外野手(レフト、センター、ライト)からなり、攻撃側は投手が投げたボールをバットで打ち、3つのベースをまわってホームベースにもどると得点になります。アウトが3つになると攻守がかわり(チェンジ)、これを9回くりかえし、得点が多いほうが勝ちとなります。東京2020大会では、出場チーム6チームが総当たり戦をおこない、上位4チームが決勝トーナメントに進出します。

(ソフトボール) 女子のソフトボールは野球から派生した球技で、野球より大きくてやわらかなボールを使い、投手は下手投げで投げます。また投手と捕手の距離や、ベース間の距離、外野フェンスまでの距離が、野球よりも短いです。守備と攻撃の回数は7回までです。1996年のアトランタ大会から女子の正式競技となり、北京大会まで4大会実施されました。この4大会ではアメリカが3つの金メダルを獲得しています。

◆日本のメダリスト 男子の野球は、第25回バルセロナ大会(1992年)で銅、第26回アトランタ大会(1996年)で銀、第28回アテネ大会(2004年)で銅メダルを獲得。女子のソフトボールは、第27回シドニー大会(2000年)で銀、アテネ大会で銅、北京大会でアメリカをやぶって金メダルを獲得しました。

▶ソフトボールの上野由岐子
2017年の日米対抗ソフトボール大会で。北京大会ではアメリカとの決勝戦に完投勝利した。(PK)

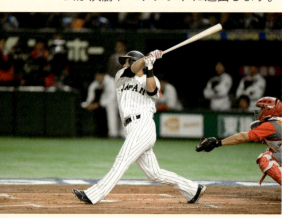
▶プロ野球日本ハムの中田翔
2017年のワールドベースボールクラシックの対中国戦で。(PK)

空手　形●● 組手●●(3階級)

空手は日本で発祥した武道で、琉球王国(現在の沖縄県)で発展しました。オリンピックでは選手が1人で決まった形を演じる「形」と、2人の選手が向きあって技を出し合う「組手」の2種類があります。

形は2人の選手が順番に、約75種類ある形のなかから選んで演じ、突きや蹴りの力強さ、正確さ、演技の完成度などをきそいます。組手は相手の体の決まった部位に突きや蹴りを決めて、一定時間内（男子は3分、女子は2分）に8ポイントを先取するか、より多くのポイントを取ったほうが勝ちとなります。東京2020大会では、「寸止め」という、相手に当たる寸前で技をとめるルールが採用されます。

▲空手の釜口幸樹　組手の試合。（PK）

スケートボード　パーク●● ストリート●●

スケートボードは、車輪がついた一枚の板（ボード）を使い、さまざまな技（トリック）を演じる競技で、「パーク」と「ストリート」の2種類があります。パークはおわん型の湾曲面などをもうけた施設内で、空中技や回転技などを披露し、高さやスピード、独創性、完成度などをきそいます。ストリートは町なかにあるような斜面、縁石、手すりなどを模したコース内で、アクロバティックな演技（トリック）やボードのコントロールをきそいます。

▲スケートボードのストリート　ドイツの大会で。（PK）

スポーツクライミング

人工的な壁などをよじのぼる競技で、「リード」、「ボルダリング」、「スピード」の3種類があり、これらの3つを総合した成績で順位がきまります。

リードはロープをつけた選手が高さ12m以上の壁に設定されたコースをのぼり、時間内（予選6分、決勝8分）にたっした高さをきそいます。ボルダリングは高さ4～5mの壁のホールド（突起）をたどって、時間内（予選5分、決勝4分）にいくつ壁を登れたかをきそいます。スピードはロープをつけた選手が高さ10～15mの壁をかけのぼり、トップにあるスイッチをおすまでのタイムをきそいます。

▶スポーツクライミングの野中生萌
野中はボルダリングの世界ランキング3位。（PK）

サーフィン　ショートボード●●

サーフィンは海上でサーフボードの上に立ち、波がつくる斜面を滑走する競技です。サーフボードは長さ170～190cmのショートボードを使い、波を乗りこなすライディングの点数により勝敗がきまります。難易度の高い技や創造的な技、バラエティゆたかな技、スピードや力強さなどが評価されます。

▶サーフィン
オーストラリアの大会で。（PK）

（●男子　●女子　●男女混合）　37

パラリンピック競技①
パラリンピックでおこなわれる競技

　パラリンピックは、手足や目など体に障がいのある人や、知的障がいのある人が参加する世界最高峰のスポーツの祭典で、4年に一度、オリンピックと同じ年に、同じ都市で開かれます。2016年のリオデジャネイロ大会では、159の国や地域から4333人の選手が参加し、22競技528種目がきそわれました。東京2020大会では、あらたにバドミントンとテコンドーが追加され、8月25日〜9月6日まで、約2週間にわたり熱戦がくり広げられます。

陸上競技

- ○トラック　100m●●　200m●●　400m●●
  800m●●　1500m●●　5000m●●
  4×100mリレー●●　4×400mリレー●●
- ○ロード　マラソン●●
- ○フィールド　砲丸投げ●●　円盤投げ●●　やり投げ●●
  こん棒投げ●●　走り高跳び●●　走り幅跳び●●

　陸上競技は競技場のトラックでおこなわれる種目と、フィールドでおこなわれる種目、一般道のロードでおこなわれる種目があります。障がいの種類により、車いすを使う選手、義手や義足を使う選手、視覚障がいの選手などに分けられ、さらに障がいの程度によっていくつかのクラスに分けられます。

　マラソンは一般と同じ42.195kmを走りますが、伴走するガイドランナーがつく「視覚障がい者」や「切断・機能障がい者」、「車いす」の3つのレースがおこなわれます。100m走は男子が16クラス、女子が14クラスあり、30人の金メダリストが生まれます。

　パラリンピックには、木と金属でできた棒を投げるこん棒投げという独自の種目があります。

◆**日本のメダリスト**　リオデジャネイロ大会の男子400mと1500mで佐藤友祈が銀、走り幅跳びで山本

▲**スポーツ義足の100m走**
リオデジャネイロ大会で高桑早生(右から2人目)は陸上女子100mで8位、200mで7位、走り幅跳びで5位入賞。(PK)

▶**視覚障がいの走り幅跳び**
リオデジャネイロ大会で高田千明は8位だった。(PK)

◀**視覚障がいのマラソン**　ガイドランナーと走る道下美里(右)。(PK)

▶**車いすのマラソン**
リオデジャネイロ大会に出場した洞ノ上浩太(中央)。(PK)

篤が銀、女子マラソンで道下美里が銀、女子400mで辻沙絵が銅メダルを獲得しました。

(対象障がい) 肢体不自由、視覚障がい、知的障がい、脳性まひ。

アーチェリー

リカーブ個人 ●●	チーム ●
コンパウンドオープン個人 ●●	チーム ●
W1個人 ●●	チーム ●

アーチェリーは弓を使って70m（または50m）離れた的に向かって、矢を放ち、的に当たった場所によって得点をきそいます。使用する弓により、「リカーブ」と「コンパウンド」にわけられます。

リカーブは一般の弓ですが、**コンパウンド**は引く力が弱くても矢を飛ばすことができるように、弓の先端に滑車がついています。さらにコンパウンドは、四肢の障がいにより車いすを使う選手の**W1**クラスと、その他の車いすの選手や立って弓を射る選手の**オープン**クラスに分けられます

(対象障がい) 肢体不自由

◀ アーチェリーの女子コンパウンドオープン　写真は平澤奈古。リオデジャネイロ大会（2016年）で。(PK)

バドミントン

車いす　シングルス ●●	ダブルス ●●
立位（下肢障がい、上肢障がい、低身長）　シングルス ●	
（下肢障がい、上肢障がい）　シングルス ●	ダブルス ●●

バドミントンはネットをはさんで、ラケットでシャトルを打ち合う競技で、東京2020大会ではじめて正式競技になりました。障がいの種類により**車いすと立位**（下肢障がい、上肢障がい、低身長）に分けられ、さらに障がいの程度により、いくつかのクラスに分けられました。

(対象障がい) 肢体不自由

ボッチャ

個人（1対1）●	ペア（2対2）●	チーム（3対3）●

ボッチャとはイタリア語で「ボール」という意味です。カーリングに似た競技で、「ジャック」という白いボールに向けて、青チームと赤チームがそれぞれ6個のボールを投げるか、ころがす、けるなどして、ジャックボールの近くに寄せることをきそいます。ボールの大きさは周囲27cm、重さは約275gです。

◆日本のメダリスト

リオデジャネイロ大会では、チームが銀メダルを獲得しました。

(対象障がい) 肢体不自由（おもに脳性まひで車いす使用）

▶ ボッチャでボールを投じる藤井友里子（中央）　リオデジャネイロ大会で。(PK)

パラリンピックまめ知識　パラリンピックの意味

パラリンピックのシンボルマークは赤、青、緑の3色の曲線でえがかれています。人間にとって重要な心・体・魂の3つの要素をあらわし、中心を取りかこむような曲線で、いつも前進し、あきらめないことをあらわしています。

1964年の東京パラリンピックでは、下半身まひを意味する「パラプレジア」と「オリンピック」をあわせて、「パラリンピック」とよばれました。1985年、その「パラ」を、「パラレル（並行した）」のパラに変えて、「パラリンピック（もうひとつのオリンピック）」を意味することにしました。

▶ パラリンピックのシンボルマーク「スリーアギトス」
「アギトス」はラテン語で「わたしは動く」という意味。赤・青・緑の色は世界の国旗でもっとも多く使われている。(PK)

(●男子　●女子　●男女混合)

パラリンピック競技②

カヌー

カヤック●● ヴァー●●

カヌーはリオデジャネイロ大会からあらたに採用された競技です。パドル(かい)を左右にこいで進む**カヤック**と、片側にアウトリガー(浮き具)がついたボートをこぐ**ヴァー**の2種類あります。前の大会はカヤックだけでしたが、東京大会では両方採用される予定です。競技は1人でこぐシングルで、流れのない水面(スプリント)をいっせいにスタートして200mをこいで着順をきそいます。

(対象障がい) 肢体不自由(下肢障がい)

▲カヤックの女子200m リオデジャネイロ大会には瀬立モニカが出場した。(PK)

自転車競技

○トラック
　個人追い抜き●●　タイムトライアル●●
　チームスプリント(3人)●
○ロード
　タイムトライアル●●　ロードレース●●
　チームリレー(3人)●

自転車競技には、屋内の競技場ですり鉢状に傾斜がついた周回走路を走る**トラック**と、屋外の一般道を走る**ロード**があります。自転車も障がいの程度により、競技用の二輪自転車、2人乗り用タンデム自転車、手こぎのハンドサイクル、三輪自転車など種類がことなります。視覚障がい者は、2人乗り用自転車の前にパイロットが乗り、ハンドル操作をおこないます。

個人追い抜きは、2人の選手が離れた位置からスタートし、男子は4km、女子は3kmを周回し、相手を追い抜くか、逃げきるかで勝ちが決まります。**タイムトライアル**は、男子は1km、女子は500mを走り、時間をきそいます。**チームスプリント**は男女混合で3人の2チームが同時にスタートをきり、1周ごとに先頭の走者がぬけていき、先にゴールしたほうが勝ちです。一般道を走る**ロードレース**は障がいの程度により30〜120kmの距離を走って時間をきそいます。

◆**日本のメダリスト** リオデジャネイロ大会では、ロードのタイムトライアル男子で藤田征樹が銀、女子で鹿沼由理絵が銀メダルを獲得しました。

(対象障がい) 肢体不自由、視覚障がい

▲視覚障がいクラスの自転車ロード女子のタイムトライアル 銀メダルを獲得した鹿沼由理恵。前がパイロットの田中まい。(PK)

馬術

チャンピオンシップ個人テスト●
チームテスト●
フリースタイルテスト●

馬術は、人と馬が一体となって演技をおこない、その正確さやステップの美しさをきそいます。決められた演技をおこなう**チャンピオンシップ**と、選手が選んだ楽曲にあわせて演技をする**フリースタイル**とがあります。**チーム**(団体戦)はグレードを問わず4人が交代で規定演技をおこないます。

(対象障がい) 肢体不自由、視覚障がい

◀馬術に出場した宮路満英 リオデジャネイロ大会(2016年)。(PK)

5人制サッカー

目に障がいのある選手が、鈴が入った音の出るボールをあつかい、相手のゴールにけりこんで得点をきそいます。1チームはゴールキーパー（GK）1人とフィールドプレーヤー4人からなります。ゴールキーパーは目に障がいがない人や弱視者がつとめます。フィールドプレーヤーは全員アイマスクをつけます。相手コートの裏には、選手たちに合図をおくる「コーラー」がいて、ボールや相手の選手、ゴールの位置などを知らせます。試合時間は前半20分、後半20分の計40分で、得点が多いほうが勝ちとなります。

（対象障がい） 視覚障がい、GKのみ晴眼者か弱視者

▲**5人制サッカー** リオデジャネイロ大会（2016年）のブラジル対中国戦。日本チームは予選で敗退した。(PK)

ゴールボール

ゴールボールは1チーム3人で、鈴の入ったボールをゴールに向けてころがすように投げて、得点をきそうゲームです。全員がアイシェードという目隠しをつけて、1投ごとに攻撃と守備を交代します。コートの大きさは18m×9m。ゴールは幅9m、高さ1.3mです。ボールはバスケットボールとほぼ同じ大きさです。守備側は3人で全身を使ってボールをくいとめます。試合時間は前半12分、後半12分で、間に3分のハーフタイムが入ります。

◆**日本のメダリスト** ロンドン大会（2012年）で、日本の女子チームは金メダルを獲得しました。

（対象障がい） 視覚障がい

柔道

60〜100kg超級の7階級● 48〜70kg超級の6階級●

目に障がいのある選手が参加します。男子は体重別に7つ、女子は6つの階級があります。競技の前に、相手のえりとそでをもって、お互いに組み合った状態で、主審が「開始」を宣告して試合が始まります。試合中に選手どうしが離れてしまったときは、主審が「まて」と発し、組みなおしてから再開します。競技時間は4分で、この間に一本取った方か、ポイントが高い方が勝ちとなります。

◆**日本のメダリスト** リオデジャネイロ大会では男子60kg級で廣瀬誠が銀、66kg級で藤本聡が銅、100kg超級で正木健人が銅、女子57kg級で廣瀬順子が銅メダルを獲得しました。

（対象障がい） 視覚障がい

▲**ゴールボール** リオデジャネイロ大会（2016年）の日本対アルジェリア戦。(PK)

▲**柔道の女子57kg級** 廣瀬順子（左）が銅メダルを獲得した。(PK)

（●男子 ●女子 ●男女混合） 41

パラリンピック競技③

パワーリフティング

| 49kg級〜107kg超級の10階級● |
| 41kg級〜86kg超級の10階級● |

　下半身に障がいのある選手が、ベンチプレス台の上にあお向けになり、上半身を使ってバーベルをもち上げる競技です。階級は障がいの種類や程度ではなく、体重別で、男女とも10階級に分けられています。競技は審判の合図でバーベルを胸までおろし、再びおし上げます。この試技を3回おこない、回数を追うごとに、より重いバーベルを上げて、一番重いバーベルを上げた選手が勝ちとなります。

(対象障がい) 肢体不自由（下肢障がい）

▲**パワーリフティング**　男子54kg級に出場した西崎哲男。リオデジャネイロ大会（2016年）で。(PK)

ボート

| シングルスカル●● 　ダブルスカル● 　コックスフォア● |

　ボートは北京大会（2008年）から正式競技に採用されました。1人のこぎ手による**シングルスカル**、男女1人ずつのこぎ手による**ダブルスカル**、男女2人ずつ4人のこぎ手と指示をだすコックス1人の計5人のチームからなる**コックスフォア**の3種目あります。いずれも6つの直線レーンをいっせいにスタートして、2000mをこいで着順をきそいます。

(対象障がい) 肢体不自由、視覚障がい

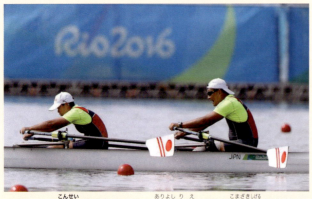
▲**ボートの混成ダブルスカル**　有吉利枝（前）と駒崎茂（後）。リオデジャネイロ大会（2016年）で。(PK)

射撃

| 10mエアライフル(立射)●●● 　10mエアライフル(伏射)● |
| 50mライフル(3姿勢)●● 　50mライフル(伏射)● |
| 10mエアピストル●●● 　25mピストル● |
| 50mピストル● |

　ライフルまたはピストルをもちいて、的に向かって射撃し、得点をきそう競技です。銃は空気銃（エア）と火薬銃があり、的までの距離も10m、25m、50mとあります。射撃姿勢には**立射**、**膝射**、**伏射**の3つがあります。**10mエアライフル**の場合、直径約16cmの的の中心にあてれば10点、中心から離れるにつれて点数は低くなります。これを40〜60発打って点数をきそいます。

(対象障がい) 肢体不自由

▲**射撃の10mエアライフル**　リオデジャネイロ大会（2016年）で、男女混合に出場した瀬賀亜希子。(PK)

シッティングバレーボール

　1チーム6人で、すわった姿勢でおこなうバレーボールです。選手はレシーブをするときのわずかな時間をのぞき、おしり（おしりから肩までの一部）を床につけておこないます。コートは10m×6m、ネットの高さは男子が115cm、女子は105cm。1セット25点先取で、3セットとったチームが勝ちとなります。

(対象障がい) 肢体不自由（下肢障がい）

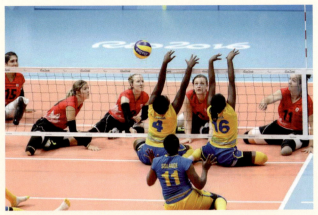
▲女子のシッティングバレーボール　リオデジャネイロ大会で、カナダ対ルワンダ戦。(PK)

水泳

50m自由形●●	100m自由形●●	200m自由形●●
400m自由形●●	50m背泳ぎ●●	100m背泳ぎ●●
50m平泳ぎ●●	100m平泳ぎ●●	50mバタフライ●●
100mバタフライ●●	150m個人メドレー●●	
200m個人メドレー●●	4×100mメドレーリレー●●	
4×100mフリーリレー●●	4×50mフリーリレー●	

　水泳の15の種目が、障がいの種類と程度により、こまかく分けられています。障がいによっては、水中からのスタートが許されています。また視覚障がいのある選手には、コーチがタッピングバーで、ゴールやターンの直前に身体にふれて合図をすることが許されています。

◆**日本のメダリスト**　アテネ大会（2004年）で成田真由美が個人6種目とリレーで金メダル7個を獲得。リオデジャネイロ大会では、木村敬一が銀メダル2個、銅メダル2個を獲得しました。
(対象障がい) 肢体不自由、視覚障がい、知的障がい

▲水泳の男子100mバタフライ　視覚障がいのクラスに出場した木村敬一。(PK)

卓球

シングルス●●　団体●●

　卓球は肢体不自由の「車いす」と「立位」、「知的障がい」の3種あり、さらに障がいの程度により分けられています。ルールは一般の卓球とほとんど同じですが、車いす部門ではサーブが相手コートにバウンドしてからサイドラインを横切った場合、やりなおしとなります。またトスを上げられない選手には、自分のコートでワンバウンドしてからサーブをすることがみとめられています。

◆**日本のメダリスト**　東京大会（1964年）のとき男子ダブルスで猪狩靖典・渡部藤男組が金メダル。
(対象障がい) 肢体不自由、知的障がい

▲車いすの卓球　リオデジャネイロ大会に出場した吉田信一（右）。(PK)

テコンドー

61kg級〜75kg超級の3階級●
49kg級〜58kg超級の3階級●

　テコンドーは2020年東京大会で、はじめて正式競技に採用されました。「キョルギ（組手）」と「プムセ（型）」がありますが、東京大会では**キョルギ**がおこなわれます。ルールは一般のテコンドーと同じですが、攻撃は胴のみで頭部への攻撃は禁じられています。
(対象障がい) 肢体不自由（上肢に障がい）

▶テコンドー　第2回アジアパラテコンドー選手権代表選手合宿で。(PK)

（●男子　●女子　●男女混合）

パラリンピック競技④

トライアスロン

手足に障がいのある選手や目に障がいのある選手が、1人で**スイム**（水泳）、**バイク**（自転車ロードレース）、**ラン**（長距離走）の3競技をつづけておこない、タイムをきそいます。距離はオリンピックの半分で、スイムが750m、バイクが20km、ランが5kmです。障がいの種類や程度により、クラス分けされています。両足に障がいのある選手は、バイクには手でこぐハンドサイクルを、ランには競技用車いすを使います。また視覚障がいの選手は、バイクには2人乗りのタンデムバイクを使い、パイロットが同乗します。

(対象障がい) 肢体不自由（車いす、立位）、視覚障がい

▲**トライアスロンのバイク** リオデジャネイロ大会（2016年）で、下肢の障がいのクラスに出場した秦由加子。(PK)

車いすバスケットボール

コートの大きさやゴールの高さ、ボールの大きさなどは、一般のバスケットボールと同じです。1チームは5人で、選手の交代に制限はありません。ただし、障がいに応じて持ち点が定められ、5人の合計が14点をこえてはいけません。得点はフリースローが1点、フィールドゴールが2点ないしは3点です。1試合10分のピリオドを4回、計40分おこないます。選手には競技の技術だけでなく、車いすをすばやくこまかくあやつる技術も必要です。

◆**日本のメダリスト** ニューヨーク＆ストーク・マンデビル大会（1984年）とシドニー大会（2000年）で、女子チームが銅メダルを獲得しました。

(対象障がい) 肢体不自由（下肢障がい）

車いすフェンシング

エペ個人 ●●	団体（3人対3人）●●
フルーレ個人 ●●	団体（3人対3人）●●
サーブル個人 ●●	

「ピスト」という台に車いすを固定して、相手と110度の角度で向き合って、上半身だけで戦います。**フルーレ**は胴体のみの突き、**エペ**は上半身の突き、**サーブル**は上半身の突きと斬りの3種類あります。突きが決まると、電気審判機が点灯し、先に15ポイント（団体は45ポイント）とったほうが勝ちとなります。

◆**日本のメダリスト** 東京大会（1964年）でサーブル団体が銀メダルを獲得しました。

(対象障がい) 下肢障がいで車いす使用

▲**車いすフェンシングの男子フルーレ** 2008年の北京大会に出場した久川豊昌(PK)

ウィルチェアーラグビー

手足に障がいのある選手が1チーム4人で、パスやドリブル、膝の上におくなどして、ボールを手にして相手のゴールラインを通過すると得点になります。選

▲**車いすバスケットボール** リオデジャネイロ大会で。(PK)

手は障がいの程度により7段階に分けられ、4人の合計が8点をこえないように選手を編成します。1ピリオド8分を4ピリオド計32分おこなわれます。

◆**日本のメダリスト**　リオデジャネイロ大会で日本チームは銅メダルを獲得しました。

(対象障がい) 肢体不自由(四肢障がいで車いす使用)

◀ウィルチェアーラグビー
リオデジャネイロ大会の日本対アメリカで活躍する池崎大輔（中央）。(PK)

かに、車いすをすばやくコントロールする技術も必要です。競技は**シングルス**、**ダブルス**のほかに、四肢に障がいのある選手による男女混合の**クアード**があります。クアードの選手はラケットを手に固定できます。

◆**日本のメダリスト**　男子は国枝慎吾がアテネ大会（2004年）のダブルスで金、北京大会（2008年）とロンドン大会（2012年）ではシングルスで金メダルを獲得。女子は上地結衣がリオデジャネイロ大会のシングルスで銅メダルを獲得しました。

(対象障がい) 肢体不自由(下肢障がい、または四肢障がいで車いすを使用)

車いすテニス

シングルス●●　ダブルス●●
クアードシングルス●　クアードダブルス●

ルールは一般のテニスと同じですが、ボールは2バウンドでの返球が認められています。テニスの技術のほ

▶車いすテニスの上地結衣
(PK)

パラリンピックまめ知識　選手の目のかわりになる人たち

パラリンピックの目に障がいのある選手たちには、目のかわりになってくれるサポーターがいます。陸上競技のトラック種目やマラソンでは、選手がまよわずに走れるよう、**ガイドランナー**が一緒に走ります。フィールド種目には、選手に踏み切りの場所などを教える**コーラー**がいます。5人制サッカーにも**コーラー**がいて、相手ゴールの後ろに立って、味方の選手にゴールの方向や距離などを教えます。

自転車競技では2人乗り自転車を使い、前にハンドル操作をする**パイロット**（→40ページ参照）が乗り、後ろに選手が乗ってペダルをこぐことに集中します。水泳では、選手がターンやゴールをする壁に近づくと、「タッピングバー」という棒でふれて知らせる**タッパー**がいます。

▲陸上1500mのガイドランナー
目のかわりをするガイドランナー（右）と一緒に走る。(PK)

▲走り幅跳びのコーラー　選手に踏み切り位置を知らせる。(PK)

▶水泳のタッパー　選手に壁が近づいたことを知らせる。(PK)

(●男子　●女子　●男女混合)

パラリンピックで使われる用具

競技用の車いすと義手・義足

　パラリンピックでは、車いすや義手・義足など、選手の手や足となって障がいをおぎない、能力を最大化する用具が数多く使用されています。それらは、選手が力を発揮できるようにさまざまなくふうがなされ、競技に合わせて独自の進化をとげています。記録の向上は選手たちの努力もありますが、用具の開発によるところも大きいです。なかには、オリンピックの世界記録にせまる記録も出ていて、今後が期待されます。

進化してきた車いす

陸上競技用（レーサー）　後方に車輪が2つ、前方に小さめの車輪が1つついて、安定感を出しています。また空気抵抗をへらすために、低い姿勢をたもつ形になっています。素材は軽くて丈夫なアルミニウム合金や、チタン、カーボンファイバーなどを使い、重さを約8kgにおさえています。選手は正座をして前かがみにすわり、手で後輪をまわして進みます。マラソンの下り坂では、時速50km以上のスピードが出ます。

車いすバスケットボール用　急にスピードを出したり、とまったり、すばやくターンをしたりなど、こまかい動きができるように作られています。前方には、ぶつかったときに足を守る「バンパー」がついています。また転倒をふせぐため後部にはキャスター（小さい車輪）がついています。

ウィルチェアーラグビー用　タックルなどはげしいプレーにもたえられるよう、がんじょうなつくりをしています。攻撃用と守備用があり、攻撃用ははげしいタックルで相手の車いすをかわすことができるように、全体にコンパクトで丸い形をしています。守備用は相手の車いすをひっかけて攻撃をブロックするため、前方に長いバンパーが飛び出しています。

車いすテニス用　スタートのダッシュとすばやいターンをするため、車いすの重心は前におかれ、車輪の「ハ」の字の傾きを大きくしています。また、転倒をふせぐため、小さいキャスターが後部についています。

▲**陸上競技用の車いす（レーサー）**　安定性もありスピードを追究できる形をしている。(PK)

▲**ウィルチェアーラグビー用**　守備用の車いすはバンパーが前につき出ている。(PK)

▶**車いすバスケットボール用**　(PK)

▶**車いすテニス用**　後部に小さいキャスター（車輪）がついている。(PK)

選手の力を生みだす義手・義足

　義手や義足は義肢装具士が、選手の体形や筋力、障がいのある部分などに合わせて、ひとつずつ作り、選手の体や感覚になじむようになるまで、何度も調整しながら作り上げていきます。

陸上競技用の義足　義足の素材は、軽くて弾力性がある丈夫なカーボンファイバー製で、板をまげたような形をしています。日常用の義足とことなり、反発力を利用することで、走ったり跳んだりすることができるようになります。

自転車競技の義足　選手と自転車を一体化させるため、義足をペダルに固定させます。

スポーツ用義手　スタートをするときの補助や、走ったり跳んだりするときに体のバランスをとったり、反動をつけたりする役目をはたします。選手の体格や能力に合わせ、長さや重さ、形などが決まります。

◀義足をつけた走り幅跳びの山本篤　リオデジャネイロ大会で銀メダルを獲得。(PK)

▲自転車競技用の義足　義足をペダルに固定させている藤田征樹。リオデジャネイロ大会で銀メダルを獲得した。(PK)

▲義手をつけて走る辻沙絵　リオデジャネイロ大会(2016年)の陸上女子400mで銅メダルを獲得した。(PK)

パラリンピックまめ知識　夏季パラリンピックと日本のメダル獲得数

回	開催年	開催都市	参加国	参加選手	競技数	金	銀	銅	計	順位
1	1960	ローマ（イタリア）	23	400	8	不参加				
2	1964	東京（日本）	21	378	9	1	5	4	10	13
3	1968	テルアビブ（イスラエル）	29	750	10	2	2	8	12	16
4	1972	ハイデルベルク（西ドイツ）	43	984	10	4	5	3	12	15
5	1976	トロント（カナダ）	40	1657	13	10	6	3	19	14
6	1980	アーネム（オランダ）	42	1973	13	9	10	7	26	16
7	1984	ニューヨーク（アメリカ）ストーク・マンデビル（イギリス）	54	2102	18	9	7	8	24	22
8	1988	ソウル（韓国）	61	3057	17	17	12	17	46	14
9	1992	バルセロナ（スペイン）	83	3001	16	8	7	15	30	16
10	1996	アトランタ（アメリカ）	104	3259	17	14	10	13	37	10
11	2000	シドニー（オーストラリア）	122	3881	18	13	17	11	41	12
12	2004	アテネ（ギリシャ）	135	3808	19	17	15	20	52	10
13	2008	北京（中国）	146	3951	20	5	14	8	27	17
14	2012	ロンドン（イギリス）	164	4237	20	5	5	6	16	24
15	2016	リオデジャネイロ（ブラジル）	159＋難民選手団	4333	22	0	10	14	24	64
16	2020	東京（日本）								

参考：日本パラリンピック委員会のHP (2017)

オリンピックデータ　1968～1992

第19回メキシコシティー大会(1968年)

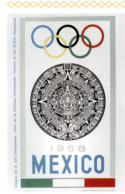

開催国：メキシコ
期間：10月12日～27日
参加国・地域：112
参加選手数：5516(183)
競技数：19
種目数：172　　（　）内は日本

陸上の男子100mで、アメリカのジム・ハインズが9秒9を記録。ついに10秒の壁がやぶられました。日本は体操男子が団体で3連覇をはたし、あわせて6個の金メダルを獲得。ウエイトリフティングの三宅義信が2連覇、レスリングは4個の金メダルを獲得しました。

●メダル獲得数ベスト3

	国	金	銀	銅
1位	アメリカ	45	28	34
2位	ソ連	29	32	30
3位	日本	11	7	7

第20回ミュンヘン大会(1972年)

開催国：西ドイツ
期間：8月26日～9月11日
参加国・地域：121
参加選手数：7134(182)
競技数：21
種目数：195　　（　）内は日本

会期中、選手村に侵入したパレスチナ・ゲリラとの銃撃戦により、イスラエルの選手らが犠牲になりました。日本の金メダル獲得数は体操(5)、柔道(3)、レスリング(2)、競泳(2)、バレーボール男子(1)でした。

●メダル獲得数ベスト3

	国	金	銀	銅
1位	ソ連	50	27	22
2位	アメリカ	33	31	30
3位	東ドイツ	20	23	23
5位	日本	13	8	8

第21回モントリオール大会(1976年)

開催国：カナダ
期間：7月17日～8月1日
参加国・地域：92
参加選手数：6084(213)
競技数：21
種目数：198　　（　）内は日本

体操の女子でルーマニアのコマネチが10点満点を7回も出して3冠を達成し、「白い妖精」とよばれました。日本の金メダル獲得数はバレーボール女子をはじめ、体操男子(3)、柔道(3)、レスリング(2)でした。

●メダル獲得数ベスト3

	国	金	銀	銅
1位	ソ連	49	41	35
2位	東ドイツ	40	25	25
3位	アメリカ	34	35	25
5位	日本	9	6	10

第22回モスクワ大会(1980年)

開催国：ソ連
期間：7月19日～8月3日
参加国・地域：80
人数：5179(0)
競技数：21
種目数：203　　（　）内は日本

開催国のソ連が1979年、アフガニスタンに侵攻したことに抗議して、アメリカや日本など多くの国が参加をボイコット。マラソンの瀬古利彦や柔道の山下泰裕らが無念の欠場となりました。陸上のマラソンで、東ドイツのチェルピンスキーがアベベ以来の2連覇を達成。

●メダル獲得数ベスト3

	国	金	銀	銅
1位	ソ連	80	69	46
2位	東ドイツ	47	37	42
3位	ブルガリア	8	16	17

第23回ロサンゼルス大会(1984年)

(PK)

開催国：アメリカ
期間：7月28日〜8月12日
参加国・地域：140
参加選手数：6829(231)
競技数：21
種目数：221　(　)内は日本

ソ連をはじめ東欧諸国がボイコットしました。この大会から女子マラソン、新体操、シンクロナイズドスイミングが正式種目となりました。陸上でアメリカのカール・ルイスが男子100m、200m、走り幅跳びなど4種目で金メダルを獲得。日本は柔道の山下泰裕、斉藤仁ら4人が金メダル。体操は具志堅幸司や森末慎二の金など合計9個のメダル、レスリングも富山英明や宮原厚次の金など合計9個のメダルを獲得しました。

●メダル獲得数ベスト5

	国	金	銀	銅
1位	アメリカ	83	61	30
2位	ルーマニア	20	16	17
3位	西ドイツ	17	19	23
4位	中国	15	8	9
5位	イタリア	14	6	12
7位	日本	10	8	14

第24回ソウル大会(1988年)

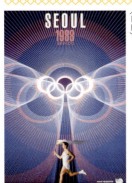
(PK)

開催国：韓国
期間：9月17日〜10月2日
参加国・地域：159
参加選手数：8397(259)
競技数：23
種目数：237　(　)内は日本

3大会ぶりに西側、東側の別なく、多くの国から選手が集まりました。この大会から卓球が正式種目になり、テニスが1924年以来64年ぶりに復活しました。東ドイツの女子競泳選手オットーが、50m自由形をはじめ6種目で金メダルを獲得しました。日本は競泳の男子100m背泳ぎで鈴木大地が金。ほかの金メダル獲得数は、レスリング(2)、柔道(1)でした。

●メダル獲得数ベスト5

	国	金	銀	銅
1位	ソ連	55	31	46
2位	東ドイツ	37	35	30
3位	アメリカ	36	31	27
4位	韓国	12	10	11
5位	西ドイツ	11	14	15
14位	日本	4	3	7

第25回バルセロナ大会(1992年)

(PK)

開催国：スペイン
期間：7月25日〜8月9日
参加国・地域：169
参加選手数：9356(263)
競技数：25
種目数：257　(　)内は日本

この大会から女子の柔道が正式種目となりました。世界を驚かせたのは、女子200m平泳ぎで1位になった14歳の岩崎恭子。競泳史上最年少の金メダルにかがやきました。柔道では男子71kg級で古賀稔彦が負傷にもかかわらず金、女子48kg級で16歳の田村亮子が銀メダルを獲得。マラソンの女子では有森裕子が銀。1928年の人見絹枝以来の快挙でした。体操は池谷幸雄が種目別ゆかで銀、団体で銅。シンクロナイズドスイミングはソロとデュエットで銅メダルを獲得しました。

●メダル獲得数ベスト5

	国	金	銀	銅
1位	EUN	45	38	28
2位	アメリカ	37	34	37
3位	ドイツ	33	21	28
4位	中国	16	22	16
5位	キューバ	14	6	11
17位	日本	3	8	11

＊EUN:ロシアやウクライナなど旧ソ連12か国の選手

オリンピックデータ　1996〜2016

第26回アトランタ大会(1996年)

開催国：アメリカ
期間：7月19日〜8月4日
参加国・地域：197
参加選手数：10318(310)
競技数：26
種目数：271　　（　）内は日本

ソフトボールとビーチバレーが正式種目となりました。大会中、オリンピック公園で爆破事件がおこり2人が死亡。陸上競技200mと400mでアメリカのマイケル・ジョンソンが金メダルを獲得しあらたなスターとなりました。日本は柔道の男子60kg級で21歳の野村忠宏が金、女子61kg級で恵本裕子が金メダルを獲得するなど、柔道は合わせて8個のメダルを獲得しました。

●メダル獲得数ベスト5

	国	金	銀	銅
1位	アメリカ	44	32	25
2位	ロシア	26	21	16
3位	ドイツ	20	18	27
4位	中国	16	22	12
5位	フランス	15	7	15
23位	日本	3	6	5

第27回シドニー大会(2000年)

開催国：オーストラリア
期間：9月15日〜10月1日
参加国・地域：199
参加選手数：10651(268)
競技数：28
種目数：300　　（　）内は日本

南半球では1956年のメルボルン大会に続き2度目の開催です。競泳でオーストラリアのイアン・ソープが3冠を達成しました。日本はマラソンで高橋尚子が日本女子陸上初の金メダルを獲得。柔道は女子48kg級で田村亮子が金、男子も野村忠宏、井上康生、瀧本誠が金メダル。シンクロナイズドスイミングはデュエット、チームともに銀メダルを獲得しました。

●メダル獲得数ベスト5

	国	金	銀	銅
1位	アメリカ	38	24	33
2位	ロシア	32	28	29
3位	中国	28	16	14
4位	オーストラリア	16	25	17
5位	ドイツ	13	17	26
15位	日本	5	8	5

第28回アテネ大会(2004年)

開催国：ギリシャ
期間：8月13日〜29日
参加国・地域：201
人数：10625(312)
競技数：28
種目数：301　　（　）内は日本

第1回大会以来108年ぶりにアテネで開催されました。女子のレスリングが新たに採用され、日本は吉田沙保里と伊調馨が金メダル。競泳男子の平泳ぎ100mと200mで北島康介が、女子800m自由形で柴田亜衣が金メダルを獲得するなど、競泳で合わせて9つのメダルをえました。柔道は野村忠宏が3連覇、谷(田村)亮子が2連覇をはたすなど、合わせて10個のメダルを獲得。体操男子は団体で28年ぶりの金メダル。また陸上の女子マラソンで野口みずきが、ハンマー投げで室伏広治が金メダルを獲得しました。

●メダル獲得数ベスト5

	国	金	銀	銅
1位	アメリカ	36	39	27
2位	中国	32	17	14
3位	ロシア	27	27	38
4位	オーストラリア	17	16	16
5位	日本	16	9	12

第29回北京大会(2008年)

開催国：中国
期間：8月8日〜24日
参加国・地域：204
参加選手数：10942(339)
競技数：28
種目数：302　　( )内は日本

アジアでは東京、ソウルに続き3度目の開催です。競泳でアメリカのマイケル・フェルプスが8冠、陸上ではジャマイカのウサイン・ボルトが100mと200mで金メダルを獲得しました。日本は競泳の100mと200m平泳ぎで北島康介が、レスリング女子は吉田沙保里と伊調馨が、柔道女子は谷本歩実と上野雅恵が、男子は内柴正人が2連覇をはたしました。

● メダル獲得数ベスト5

	国	金	銀	銅
1位	中国	51	21	28
2位	アメリカ	36	38	36
3位	ロシア	23	21	29
4位	イギリス	19	13	15
5位	ドイツ	16	10	15
8位	日本	9	7	9

第30回ロンドン大会(2012年)

開催国：イギリス
期間：7月27日〜8月12日
参加国・地域：204
参加選手数：10568(293)
競技数：26
種目数：302　　( )内は日本

1908年と1948年に続く3度目の開催です。ジャマイカのウサイン・ボルトが陸上の100m、200mで2大会連続で金メダル。日本は体操男子の内村航平が個人総合で金、団体でも銀メダル。レスリング女子は吉田沙保里と伊調馨が3連覇。ボクシングで村田諒太、柔道女子で松本薫が金メダルを獲得。競泳、卓球、バドミントンでも活躍がみられました。

● メダル獲得数ベスト5

	国	金	銀	銅
1位	アメリカ	46	28	30
2位	中国	38	29	22
3位	イギリス	29	17	19
4位	ロシア	22	19	34
5位	韓国	13	8	7
11位	日本	7	14	17

第31回リオデジャネイロ大会(2016年)

開催国：ブラジル
期間：8月5日〜21日
参加国・地域：205
参加選手数：11238(338)
競技数：28
種目数：306　　( )内は日本

南アメリカ大陸で初の開催です。ロシアの国ぐるみのドーピング(運動能力を高めるために禁止薬物を使用する)疑惑が発生し、約120人の選手が出場を停止されました。はじめて「難民選手団」が結成され、シリアや南スーダンなどの選手が出場。7人制ラグビーが新たに採用され、ゴルフは1904年のセントルイス大会以来の復活です。日本は競泳で7個、柔道で12個、レスリングで7個、体操で3個など、最多のメダルを獲得。バドミントン女子も初の金メダルを獲得しました。

● メダル獲得数ベスト5

	国	金	銀	銅
1位	アメリカ	46	37	38
2位	イギリス	27	23	17
3位	中国	26	18	26
4位	ロシア	19	17	19
5位	ドイツ	18	10	15
6位	日本	12	8	21

＊メダル獲得数は、"The Complete Book of the Olympics" 2012 Edition(Aurum Press Ltd)、およびIOCのホームページなどを参考にして作成。ドーピング違反によるメダル剥奪など、さまざまな事情で数が変わる可能性があります。

参加国・地域一覧

Afghanistan アフガニスタン(AFG)	Brazil ブラジル(BRA)	Denmark デンマーク(DEN)	Guinea-Bissau ギニアビサウ(GBS)
Albania アルバニア(ALB)	Brunei Darussalam ブルネイ・ダルサラーム(BRU)	Djibouti ジブチ(DJI)	Guyana ガイアナ(GUY)
Algeria アルジェリア(ALG)	Bulgaria ブルガリア(BUL)	Dominican Republic ドミニカ共和国(DOM)	Haiti ハイチ(HAI)
American Samoa アメリカ領サモア(ASA)	Burkina Faso ブルキナファソ(BUR)	Dominique ドミニカ国(DMA)	Honduras ホンジュラス(HON)
Andorra アンドラ(AND)	Burundi ブルンジ(BDI)	Ecuador エクアドル(ECU)	Hong-Kong, China 香港(HKG)
Angola アンゴラ(ANG)	Cambodia カンボジア(CAM)	Egypt エジプト(EGY)	Hungary ハンガリー(HUN)
Antigua and Barbuda アンティグア・バーブーダ(ANT)	Cameroon カメルーン(CMR)	El Salvador エルサルバドル(ESA)	Iceland アイスランド(ISL)
Argentina アルゼンチン(ARG)	Canada カナダ(CAN)	Equatorial Guinea 赤道ギニア(GEQ)	India インド(IND)
Armenia アルメニア(ARM)	Cape Verde カーボベルデ(CPV)	Eritrea エリトリア(ERI)	Indonesia インドネシア(INA)
Aruba アルバ(ARU)	Cayman Islands ケイマン諸島(CAY)	Estonia エストニア(EST)	Iraq イラク(IRQ)
Australia オーストラリア(AUS)	Central African Republic 中央アフリカ(CAF)	Ethiopia エチオピア(ETH)	Ireland アイルランド(IRL)
Austria オーストリア(AUT)	Chad チャド(CHA)	Federated States of Micronesia ミクロネシア連邦(FSM)	Islamic Republic of Iran イラン(IRI)
Azerbaijan アゼルバイジャン(AZE)	Chile チリ(CHI)	Fiji フィジー(FIJ)	Israel イスラエル(ISR)
Bahamas バハマ(BAH)	Chinese Taipei 台湾(TPE)	Finland フィンランド(FIN)	Italy イタリア(ITA)
Bahrain バーレーン(BRN)	Colombia コロンビア(COL)	France フランス(FRA)	Jamaica ジャマイカ(JAM)
Bangladesh バングラデシュ(BAN)	Comoros コモロ(COM)	Gabon ガボン(GAB)	Japan 日本(JPN)
Barbados バルバドス(BAR)	Congo コンゴ共和国(CGO)	Gambia ガンビア(GAM)	Jordan ヨルダン(JOR)
Belarus ベラルーシ(BLR)	Cook Islands クック諸島(COK)	Georgia ジョージア(GEO)	Kazakhstan カザフスタン(KAZ)
Belgium ベルギー(BEL)	Costa Rica コスタリカ(CRC)	Germany ドイツ(GER)	Kenya ケニア(KEN)
Belize ベリーズ(BIZ)	Côte d'Ivoire コートジボワール(CIV)	Ghana ガーナ(GHA)	Kiribati キリバス(KIR)
Benin ベナン(BEN)	Croatia クロアチア(CRO)	Great Britain イギリス(GBR)	Kosovo コソボ(KOS)
Bermuda バミューダ諸島(BER)	Cuba キューバ(CUB)	Greece ギリシャ(GRE)	Kuwait クウェート(KUW)
Bhutan ブータン(BHU)	Cyprus キプロス(CYP)	Grenada グレナダ(GRN)	Kyrgyzstan キルギス(KGZ)
Bolivia ボリビア(BOL)	Czech Republic チェコ(CZE)	Guam グアム(GUM)	Lao People's Democratic Republic ラオス(LAO)
Bosnia and Herzegovina ボスニア・ヘルツェゴビナ(BIH)	Democratic People's Republic of Korea 北朝鮮(PRK)	Guatemala グアテマラ(GUA)	Latvia ラトビア(LAT)
Botswana ボツワナ(BOT)	Democratic Republic of the Congo コンゴ民主共和国(COD)	Guinea ギニア(GUI)	Lebanon レバノン(LBN)

52

Country	Country	Country	Country
Lesotho レソト (LES)	New Zealand ニュージーランド (NZL)	Samoa サモア独立国 (SAM)	The Former Yugoslav Republic of Macedonia マケドニア旧ユーゴスラビア (MKD)
Liberia リベリア (LBR)	Nicaragua ニカラグア (NCA)	San Marino サンマリノ (SMR)	Timor-Leste 東ティモール (TLS)
Libya リビア (LBA)	Niger ニジェール (NIG)	Sao Tome and Principe サントメ・プリンシペ (STP)	Togo トーゴ (TOG)
Liechtenstein リヒテンシュタイン (LIE)	Nigeria ナイジェリア (NGR)	Saudi Arabia サウジアラビア (KSA)	Tonga トンガ (TGA)
Lithuania リトアニア (LTU)	Norway ノルウェー (NOR)	Senegal セネガル (SEN)	Trinidad and Tobago トリニダード・トバゴ (TTO)
Luxembourg ルクセンブルク (LUX)	Oman オマーン (OMA)	Serbia セルビア (SRB)	Tunisia チュニジア (TUN)
Madagascar マダガスカル (MAD)	Pakistan パキスタン (PAK)	Seychelles セーシェル (SEY)	Turkey トルコ (TUR)
Malawi マラウイ (MAW)	Palau パラオ (PLW)	Sierra Leone シエラレオネ (SLE)	Turkmenistan トルクメニスタン (TKM)
Malaysia マレーシア (MAS)	Palestine パレスチナ (PLE)	Singapore シンガポール (SGP)	Tuvalu ツバル (TUV)
Maldives モルディブ (MDV)	Panama パナマ (PAN)	Slovakia スロバキア (SVK)	Uganda ウガンダ (UGA)
Mali マリ (MLI)	Papua New Guinea パプアニューギニア (PNG)	Slovenia スロベニア (SLO)	Ukraine ウクライナ (UKR)
Malta マルタ (MLT)	Paraguay パラグアイ (PAR)	Solomon Islands ソロモン諸島 (SOL)	United Arab Emirates アラブ首長国連邦 (UAE)
Marshall Islands マーシャル諸島 (MHL)	People's Republic of China 中国 (CHN)	Somalia ソマリア (SOM)	United Republic of Tanzania タンザニア (TAN)
Mauritania モーリタニア (MTN)	Peru ペルー (PER)	South Africa 南アフリカ (RSA)	United States of America アメリカ (USA)
Mauritius モーリシャス (MRI)	Philippines フィリピン (PHI)	South Sudan 南スーダン (SSD)	Uruguay ウルグアイ (URU)
Mexico メキシコ (MEX)	Poland ポーランド (POL)	Spain スペイン (ESP)	Uzbekistan ウズベキスタン (UZB)
Monaco モナコ (MON)	Portugal ポルトガル (POR)	Sri Lanka スリランカ (SRI)	Vanuatu バヌアツ (VAN)
Mongolia モンゴル (MGL)	Puerto Rico プエルトリコ (PUR)	St Vincent and the Grenadines セントビンセント及びグレナティーン諸島 (VIN)	Venezuela ベネズエラ (VEN)
Montenegro モンテネグロ (MNE)	Qatar カタール (QAT)	Sudan スーダン (SUD)	Vietnam ベトナム (VIE)
Morocco モロッコ (MAR)	Republic of Korea 韓国 (KOR)	Suriname スリナム (SUR)	Virgin Islands, British イギリス領ヴァージン諸島 (IVB)
Mozambique モザンビーク (MOZ)	Republic of Moldova モルドバ (MDA)	Swaziland スワジランド (SWZ)	Virgin Islands, US アメリカ領ヴァージン諸島 (ISV)
Myanmar ミャンマー (MYA)	Romania ルーマニア (ROU)	Sweden スウェーデン (SWE)	Yemen イエメン (YEM)
Namibia ナミビア (NAM)	Russian Federation ロシア (RUS)	Switzerland スイス (SUI)	Zambia ザンビア (ZAM)
Nauru ナウル (NRU)	Rwanda ルワンダ (RWA)	Syrian Arab Republic シリア (SYR)	Zimbabwe ジンバブエ (ZIM)
Nepal ネパール (NEP)	Saint Kitts and Nevis セントクリストファー・ネービス (SKN)	Tajikistan タジキスタン (TJK)	
Netherlands オランダ (NED)	Saint Lucia セントルシア (LCA)	Thailand タイ (THA)	

□アジア □アフリカ □ヨーロッパ
□北アメリカ □南アメリカ
□オセアニア （ ）：IOCの略号
国名・地域名はほとんど略称を使用

さくいん

あ行

アーチェリー（オリンピック）	35
アーチェリー（パラリンピック）	39
アーティスティックスイミング	27
ｉ PS細胞	7
青色発光ダイオード（LED）	10
赤﨑勇	10
アテネ大会（2004年）	50
アトランタ大会（1996年）	50
天野浩	10
有森裕子	49
イアン・ソープ	50
池谷幸雄	49
伊調馨	6、14、30、50、51
井上康生	50
岩崎恭子	26、49
ウィルチェアーラグビー	44
ウエイトリフティング	31
上野雅恵	51
ウサイン・ボルト	51
内柴正人	51
内村航平	6、14、51
惠本裕子	50
エンブレム	20
大隅良典	12
大野将平	14
大村智	12
オットー	49
オバマ大統領	13
オリンピック学習	22
御嶽山	11

か行

カール・ルイス	49
ガイドランナー	45
葛西紀明	11
梶田隆章	12
カヌー（オリンピック）	34
カヌー（パラリンピック）	40
金藤理絵	14
空手	36
川井梨紗子	14
義手	47
義足	47
北島康介	26、50、51

競泳	26
競歩	25
近代五種	34
具志堅幸司	49
熊本地震	13
車いす	46
車いすテニス	45
車いすバスケットボール	44
車いすフェンシング	44
コーラー	45
ゴールボール	41
古賀稔彦	49
5人制サッカー	41
コマネチ	48
ゴルフ	35

さ行

サーフィン	37
斉藤仁	49
サッカー	27
佐藤真海	8、9
澤穂希	5
シッティングバレーボール	42
自転車競技（オリンピック）	31
自転車競技（パラリンピック）	40
シドニー大会（2000年）	50
柴田亜衣	50
ジム・ハインズ	48
射撃（オリンピック）	33
射撃（パラリンピック）	42
柔道（オリンピック）	33
柔道（パラリンピック）	41
シリア内戦	7
新国立競技場	19
新体操	29
水泳（オリンピック）	26
水泳（パラリンピック）	43
水球	26
水素社会	21
スケートボード	37
鈴木大地	49
スポーツクライミング	37
スリーアギトス	39
セーリング	30
尖閣諸島	7
選手村	17
ソウル大会（1988年）	49
ソチ冬季オリンピック（2014年）	11
ソフトボール	36

た行

体操	29
髙橋礼華	14、33
高橋尚子	25、50
高円宮妃久子	8、9
滝川クリステル	8、9
瀧本誠	50
田知本遥	14
卓球(オリンピック)	32
卓球(パラリンピック)	43
タッパー	45
谷本歩実	51
田村(谷)亮子	49、50
跳躍	25
テコンドー(オリンピック)	35
テコンドー(パラリンピック)	43
テニス	27
東京スカイツリー	7
東京大会(2020年)	24、38
登坂絵莉	14
投てき	25
土性沙羅	14
飛びこみ	26
トライアスロン(オリンピック)	35
トライアスロン(パラリンピック)	44
トランポリン	29

な行

長嶋茂雄	10
中村修二	10
なでしこジャパン	5、27
燃料電池バス	21
野口みずき	25、50
野村忠宏	50

は行

ハードル	24
パイロット	45
萩野公介	14
馬術(オリンピック)	32
馬術(パラリンピック)	40
バスケットボール	30
バドミントン(オリンピック)	33
バドミントン(パラリンピック)	39
羽生結弦	11
パラリンピック	15、38、39、46、47
パリ同時多発テロ	12
バルセロナ大会(1992年)	49
バレーボール	28

（右段）

パワーリフティング	42
ハンドボール	31
ビーチバレーボール	29
東日本大震災	4
フェンシング	32
ベイカー茉秋	14
北京大会(2008年)	51
ボート(オリンピック)	28
ボート(パラリンピック)	42
ボクシング	28
ボストンマラソン	10
ホッケー	28
ボッチャ	39

ま行

マーチづくり	23
マイケル・ジョンソン	50
マイケル・フェルプス	51
マスコット	20
松井秀喜	10
松友美佐紀	14、33
松本薫	6、51
マラソン	25
マララ・ユスフザイ	10
三宅義信	31、48
宮間あや	5
ミュンヘン大会(1972年)	48
村田諒太	6、28、51
室伏広治	50
メキシコシティー大会(1968年)	48
メダル	21
モスクワ大会(1980年)	48
モントリオール大会(1976年)	48

や行

野球	36
山下泰裕	49
山中伸弥	7
吉田沙保里	6、14、30、50、51

ら行

ラグビー(7人制)	34
ラグビーワールドカップ	12
リオデジャネイロ大会(2016年)	14、51
陸上競技(オリンピック)	24、25
陸上競技(パラリンピック)	38
レスリング	30
ロサンゼルス大会(1984年)	49
ロンドン大会(2012年)	6、51

- ●監修　日本オリンピック・アカデミー
  正式名称は「特定非営利活動法人日本オリンピック・アカデミー」。英語では「Japan Olympic Academy」、略称としてJOA(ジェイ・オー・エー)とも呼ばれる。ギリシャに本部を持つ国際オリンピック・アカデミー(IOA)を頂点とした、世界各地にある国内アカデミーのひとつで、1978年に設立された。オリンピックの思想・歴史・文化、また医学・生理学的な側面の研究や、オリンピック・ムーブメントなど、競技だけではない様々な面から関心を持つメンバーで構成されている。JOAの目的は、オリンピック憲章の理念に則った、オリンピックやスポーツの研究、教育、それらを通じた「オリンピズムの普及と浸透」。そのために数多くの事業に取り組んでいる。

- ●企画・編集　岩崎書店　編集部
- ●構成・執筆　オフィス・ゆう(吉田忠正)
- ●装丁・本文デザイン　株式会社ダイアートプランニング
- ●地図・イラスト　青江隆一朗　野田祐一
- ●特別協力　佐野慎輔(JOA)　大野益弘(JOA)
- ●協力　真田 久(筑波大学教授/JOA)　台東区立上野小学校　東京オリンピック・パラリンピック競技大会組織委員会
  日本スポーツ振興センター　八王子市立横山第二小学校　フォート・キシモト
- ●写真資料／提供・協力
  共同通信社　産経新聞社　台東区立上野小学校　東京電力ホールディングス　東京都交通局　東京都都市整備局
  東京都オリンピック・パラリンピック準備局　日本スポーツ振興センター　八王子市立横山第二小学校　フォート・キシモト(PK)

(参考文献)
日本オリンピック・アカデミー編著『JOAオリンピック小事典』(メディアパル)
陶山哲夫監修／コンデックス情報研究所編著『パラリンピック大百科』(清水書院)
藤田紀昭著『パラリンピックの楽しみ方』(小学館)
"The Complete Book of the Olympics" 2012 Edition (Aurum Press Ltd)

3つの東京オリンピックを大研究③

2020年
東京オリンピック・パラリンピック　NDC780

2018年3月31日　第1刷発行

監修	日本オリンピック・アカデミー
企画・編集	岩崎書店　編集部
発行者	岩崎夏海　　編集担当　鹿島 篤
発行所	株式会社　岩崎書店
	〒112-0005　東京都文京区水道1-9-2
	電話　03-3813-5526(編集)　03-3812-9131(営業)
	振替　00170-5-96822
印刷所	大日本印刷株式会社
製本所	株式会社若林製本工場

©2018　Iwasakishoten　　56p　29cm×22cm
Published by IWASAKI Publishing Co.,Ltd.　Printed in Japan.　ISBN978-4-265-08574-3
岩崎書店ホームページ　http://www.iwasakishoten.co.jp
ご意見ご感想をお寄せ下さい。E-mail hiroba@iwasakishoten.co.jp
落丁本、乱丁本は送料小社負担にて、おとりかえいたします。
本書のコピー、スキャン、デジタル化等の無断複製は著作権法上での例外を除き禁じられています。
本書を代行業者等の第三者に依頼してスキャンやデジタル化することは、たとえ個人や家庭内での利用であっても一切認められておりません。

3つの東京オリンピックを大研究

監修：日本オリンピック・アカデミー　**全3巻**

①**1940**年
まぼろしの東京オリンピック

②**1964**年
はじめての東京オリンピック

③**2020**年
東京オリンピック・パラリンピック

岩崎書店

近代オリンピック・パラリンピックの歩み

年	夏季大会	日本と世界のできごと
1894	パリでオリンピック開催会議。	日清戦争(1894〜1895年)
1896	第1回オリンピック(アテネ)	
1900	第2回オリンピック(パリ)　※女子選手がはじめて参加。	パリ万国博覧会が開かれる。
1903		ライト兄弟が初の動力飛行に成功。
1904	第3回オリンピック(セントルイス)	日露戦争(1904〜1905年)
1905		早稲田大学野球部、アメリカへ遠征。
1908	第4回オリンピック(ロンドン)	
1912	第5回オリンピック(ストックホルム)　※日本人選手がはじめて参加。	明治天皇が亡くなる。年号は「大正」に。
1914		第一次世界大戦(1914〜1918年)
1916	第6回オリンピック・ベルリン大会は第一次世界大戦のため中止。	
1920	第7回オリンピック(アントワープ)	国際連盟が発足。第1回箱根駅伝が開催。
1923		関東大震災が起こる。
1924	第8回オリンピック(パリ)	甲子園球場が完成。
1925		ラジオ放送が始まる。
1926		大正天皇が亡くなる。年号は「昭和」に。
1928	第9回オリンピック(アムステルダム)	
1929		世界恐慌が起こる。
1930		サッカーの第1回ワールドカップ開催。
1931		満州事変が起こる。
1932	第10回オリンピック(ロサンゼルス)	五・一五事件が起こる。
1933		日本、国際連盟を脱退。
1936	第11回オリンピック(ベルリン)　※東京オリンピック開催(1940年)が決定。	二・二六事件が起こる。
1937		日中戦争(1937〜1945年)
1938		国家総動員法が出される。
1939		第二次世界大戦(1939〜1945年)
1940	第12回オリンピック東京大会は日中戦争のため返上。ヘルシンキ大会(フィンランド)は中止。	
1941		アジア・太平洋戦争(1941〜1945年)
1944	第13回オリンピック(ロンドン)は中止。	
1945		広島・長崎に原子爆弾が投下される。日本が無条件降伏。国際連合が発足。
1946		日本国憲法が公布。
1948	第14回オリンピック(ロンドン)　※敗戦国の日本は招待されなかった。	ソ連がドイツのベルリンを封鎖する。
1950		朝鮮戦争(1950〜1953年)
1951		サンフランシスコ平和条約に調印。
1952	第15回オリンピック(ヘルシンキ)　※日本が戦後初参加。	